Asterios Tselepis

Penetração da banda larga no Reino Unido, 2006

Asterios Tselepis

Penetração da banda larga no Reino Unido, 2006

Uma análise espacial com o ArcGIS e o SPSS

ScienciaScripts

Cover image: www.ingimage.com

This book is a translation from the original published under ISBN 978-3-659-83007-5.

Publisher:
Sciencia Scripts
is a trademark of
Dodo Books Indian Ocean Ltd. and OmniScriptum S.R.L publishing group

120 High Road, East Finchley, London, N2 9ED, United Kingdom
Str. Armeneasca 28/1, office 1, Chisinau MD-2012, Republic of Moldova, Europe
Printed at: see last page
ISBN: 978-620-8-19210-5

Índice:

Análise geodemográfica da
penetração da banda larga no
Reino Unido
Por Asterios Tselepis

Agradecimentos

"Pessoalmente, gostaria de vos agradecer o tempo que dedicaram à leitura deste trabalho. Gostaria também de acreditar que o objetivo inicial do presente trabalho, de familiarizar e entusiasmar menos especialistas com a área da banda larga e SIG, foi alcançado. Pessoalmente, considero que foi certamente atingido.

O presente documento beneficiou grandemente do patrocínio da Point Topic Ltd e do fornecimento de todos os dados com que trabalhei. Em especial, gostaria de agradecer à analista principal da Point Topic, Katja Mueller, pelo seu apoio contínuo ao meu projeto do princípio ao fim.

Gostaria também de manifestar a minha gratidão ao Departamento de Engenharia Geomática da UCL e ao corpo docente por me terem proporcionado esta oportunidade e, claro, ao meu supervisor, o Professor Paul Longley, pelos seus conselhos especializados na área do meu estudo.

Por último, mas não menos importante, tenho de expressar a minha gratidão às pessoas muito importantes que me rodeiam, especialmente à minha família, cujo amor infinito me ajudou a ultrapassar este ano."

Asterios Tselepis
Londres, agosto de 2006

Análise geodemográfica da penetração da banda larga no Reino Unido

Capítulo 1

1. Introdução à produção

Nos últimos anos, parece que foram dados muitos passos intensos para melhorar e aperfeiçoar as formas como as pessoas comunicam umas com as outras. A indústria da comunicação conheceu um desenvolvimento maciço em todo o mundo quando dois departamentos, até então bastante independentes: o da *Internet* e o dos *telemóveis*, começaram a produzir inovações para o público que, posteriormente, viriam a convergir. Os primeiros passos da evolução da Internet e das comunicações móveis foram dados no início da década de 1990, quando a Internet de banda estreita[1] começou a ser rapidamente adoptada e os seus serviços estavam prestes a difundir-se. Além disso, vale a pena referir o reconhecimento de Bill Gate, em 1995, de que a Internet iria impulsionar a Microsoft e não o contrário. No entanto, a partir de 1995, foram as comunicações móveis, e não a Internet, que registaram um maior crescimento (em termos de taxa de adoção) e os seus serviços, como a telefonia vocal e as mensagens de texto, foram muito utilizados. Uma razão que poderia explicar o desenvolvimento mais rápido da indústria móvel, que levou à saturação nos países desenvolvidos em 2000, é o facto de a Internet ainda não ter revelado todos os seus méritos.

1.1 Banda larga; uma inovação

A era da Internet de banda larga começou no final da década de 1990, quando surgiram os primeiros serviços comerciais de banda larga em países desenvolvidos como o Japão e a Coreia do Sul. Desde então e até 2004, a única diferença substancial entre a banda larga e o tipo de ligação à Internet existente (principalmente RDIS e Dial-up) era o aumento da velocidade de descarregamento. Parece que o desenvolvimento da banda larga "*atravessou o abismo*" (Moore, 1991) em 2002, quando começou a tornar-se popular também para as massas e não apenas para os primeiros utilizadores. Tratava-se de uma inovação aberta (H.Chesbrough, 2003), quase disponível gratuitamente para qualquer pessoa em todo o mundo. No entanto, neste ponto, deve notar-se que a situação descrita ilustra a evolução da banda larga principalmente nos países desenvolvidos. Entretanto, na indústria móvel, surgiam novos serviços como o correio eletrónico, o i-mode, as imagens móveis, a 3G e o WiMax.

Devido a uma complicada interação de factores socioeconómicos e políticos, bem como às caraterísticas do regime de mercado nos países desenvolvidos, surgiu em 2004 uma tecnologia avançada de banda larga. Trata-se de uma inovação disruptiva, que proporciona muitos serviços novos, discriminando substancialmente as actuais ligações à Internet de baixa largura de banda. Não é objetivo do presente documento analisar os factos e os elementos do mercado que conduziram a tecnologia de banda larga a este desenvolvimento. No entanto, há uma série de caraterísticas diferentes que desempenham um papel vital na formação de cada mercado de banda larga e vale a pena descrevê-las.

1.2 O que é a banda larga?

A banda larga é considerada uma forma mais rápida de interagir com a Internet do que as ligações do tipo convencional (Dial-up e RDIS). No entanto, as definições tendem a mudar ao longo do tempo, especialmente em diferentes países, porque são fornecidos ao público diferentes serviços de banda larga. Por esse motivo, a forma mais convencional de distinguir as ligações de banda larga das de banda estreita é a velocidade. Segundo a OCDE (Organização para a Cooperação e Desenvolvimento Económico), a banda larga é uma ligação à Internet que funciona a uma velocidade de 128 Kbps (kilo bits por segundo, 1)[2] ou superior. Neste ponto, deve acrescentar-se que a capacidade de transmissão a jusante excede normalmente a capacidade de transmissão a montante. Assim, num tipo de ligação designado por 1Mbps, a capacidade de downstream é igual a 1 Mbps e a de upstream muito inferior.

O que diferencia substancialmente a banda larga dos outros tipos de ligação à Internet existentes são os serviços que presta. Como já foi referido, o aumento da velocidade e da largura de banda proporcionou aos ISP (fornecedores de serviços Internet) a oportunidade de integrarem horizontalmente os seus serviços, fornecendo novos serviços como o protocolo de voz sobre a Internet (VoIP), o protocolo de vídeo a pedido (VoD) e a televisão pela Internet (IPTV), que funcionam em simultâneo com os serviços existentes. Acima de tudo, todos estes novos serviços estão a ser fornecidos com ênfase no lado da procura, a fim de impulsionar o crescimento das receitas.

1.3 Estatísticas mundiais sobre banda larga

A evolução da banda larga não se desenvolveu de forma homogénea em todos os países do mundo. Diferentes factores, economias fortes e fracas, forte regulamentação das telecomunicações, geografia e demografia são alguns dos factores responsáveis pelo desenvolvimento da banda larga em cada país.

---

[1] De acordo com a OCDE, a Internet de banda estreita a jusante e a montante não excede 128 kbps (o dobro da RDIS)

[2] 1kb é igual a 8 bits

Não há aqui espaço suficiente para analisar os factores que levaram países como a Coreia do Sul, o Japão, os EUA e vários países escandinavos ao topo das medições de desempenho da banda larga amplamente aceites. No entanto, é apresentada a seguir uma breve panorâmica da situação atual no domínio da banda larga, para uma melhor compreensão de quem são os líderes da banda larga e dos seus critérios de medição.

1.3.1 *Estados Unidos*

Um dos países pioneiros que deu passos significativos na área da banda larga é os EUA. Infelizmente, a situação atual não coloca os EUA na liderança da banda larga. As razões que explicam este crescimento lento são uma combinação de factores sociopolíticos e da força do mercado nos EUA. No entanto, a banda larga nos EUA continua a ser uma componente significativa, uma vez que foram realizados muitos estudos e inovações nas indústrias nacionais. Além disso, os EUA são um dos países com uma concorrência muito forte entre os operadores de telecomunicações (que fornecem banda larga através da DSL) e as empresas de televisão por cabo (que utilizam o modem de cabo), o que torna os EUA únicos em termos de fornecimento de serviços através do cabo (Fransman M., *Global Broadband Battles*, parte dois).

1.3.2 *Países asiáticos*

O Japão e a Coreia do Sul têm sido os líderes mundiais na implantação da banda larga desde a sua difusão. A penetração da banda larga na Coreia já atingiu 20% da população em 2002 (fonte: OCDE), quando a taxa de adoção da banda larga na Europa e noutros países era ainda muito baixa. O Japão é também um país com um número significativo de assinantes de banda larga, mas é a tecnologia em torno da banda larga que o torna especial.

O Japão é um dos países com melhor desempenho em matéria de infra-estruturas de fibra ótica[3] (FTTH - fibre to the home), que funcionam a uma velocidade de 100 Mbps.

1.3.3 *Europa*

Embora os países europeus estejam atrasados em relação aos líderes da banda larga, o Japão, a Coreia do Sul e os EUA, foram tomadas medidas significativas pelas administrações locais, pela UE e pelos FSI para recuperar o atraso em relação aos líderes da banda larga. Como já foi referido, os factores que permitem o desenvolvimento da banda larga são uma interação de muitos factores diferentes, pelo que é difícil nomeá-los. Existem, no entanto, algumas medidas comuns, como um novo quadro regulador, medidas para estimular a forte concorrência, dando-lhes mais incentivos, e a desagregação do Uocal Uoop[4] , que foram parcialmente adoptadas pelos países europeus para reforçar o mercado da banda larga.

Os países escandinavos têm-se desenvolvido mais rapidamente do que o resto da Europa. Nestes países, o nível de concorrência entre os operadores de telecomunicações tem sido suficientemente intenso, permitindo-lhes crescer.

Outras grandes economias europeias, como a Alemanha e o Reino Unido, ficam atrás dos países escandinavos no que respeita à banda larga. Na Alemanha, o maior país da Europa em termos de economia e de população, o operador histórico (Deutsch Telekom) controla 94% (2004) do mercado da banda larga. A falta de concorrência no mercado da banda larga e, em especial, no mercado dos DSU é um dos problemas mais cruciais na Alemanha. Pelo contrário, no Reino Unido, parece que o operador histórico (BT) só enfrenta uma forte concorrência no sector retalhista, onde detém apenas 25% do mercado retalhista da banda larga (fonte: OFCOM[5]). Esta pode ser uma das razões para os preços relativamente baixos no mercado retalhista do Reino Unido. No entanto, no mercado grossista não se verifica a mesma situação, uma vez que não existe qualquer concorrente substancial da BT. No entanto, estão a ser tomadas medidas pelos concorrentes no sentido de concorrerem com a BT também neste domínio, como foi o caso da Bulldog (concorrente) em 7 deth junho de 2006, em que anunciou que operaria apenas no mercado grossista. No entanto, ainda não existem provas efectivas de uma forte concorrência.

Como já foi referido, muitos países europeus tomaram medidas significativas para incentivar o crescimento da Internet e da banda larga. Prova disso é a elevada classificação dos Países Baixos, da Dinamarca, da Bélgica e da Suíça nas estatísticas mundiais sobre a banda larga, apresentadas pela OCDE em dezembro de 2005 (figura 1.1), que a seguir se apresentam. Em geral, a Europa está a registar um desenvolvimento desigual da banda larga, com valores satisfatórios de penetração da banda larga e uma velocidade relativamente baixa e serviços de má qualidade.

---

[3] A fibra ótica utiliza sinais de luz para a transferência de dados, o que lhe confere a maior largura de banda e a torna uma tecnologia superior.

[4] A desagregação do lacete local (LLU) é um conceito que dá aos novos operadores de telecomunicações acesso à rede local administrada pelo operador histórico. Subsequentemente, o novo operador poderá fornecer aos seus clientes a sua própria Internet sem que o operador histórico interfira.

[5] OFCOM: A entidade reguladora independente e a autoridade da concorrência para os sectores das comunicações do Reino Unido.

1.4 *Medições do desempenho da banda larga*

O mercado da banda larga está a desenvolver-se nos países de formas diferentes, o que dá origem a uma série de factores de medição possíveis para avaliar o desempenho da banda larga em cada zona. A secção seguinte descreve essas medições, tal como sugeridas pelo Professor *Martin Fransman* no seu livro "*Global Broadband Battles, 2006*":

Medidas

f Disponibilidade: Na maioria dos países, a banda larga é fornecida por cabos telefónicos de cobre (ADSL[6]). Assim, muitos países utilizam a infraestrutura da rede telefónica existente para fornecer serviços de banda larga, pelo que a disponibilidade não parece ser uma das medidas mais exigentes. A disponibilidade é calculada pela proporção da população (ou dos agregados familiares) que pode ter acesso a serviços de banda larga se o desejar.

f Penetração: é uma das medidas de desempenho da banda larga mais populares em todo o mundo. Calcula a proporção da população (ou agregados familiares) que já subscreveu serviços de banda larga. O gráfico seguinte (Figura) ilustra a penetração em 30 países do mundo, calculada pela proporção de utilizadores de banda larga por 100 habitantes.

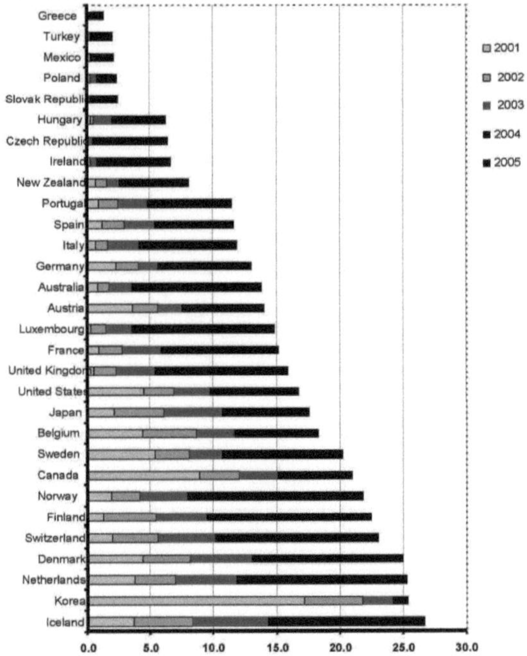

Figura 1.1 - Penetração da banda larga 2001 - 2005 por 100 habitantes. Fonte OCDE, dados de dezembro de 2005

O gráfico acima ilustra a situação descrita na secção anterior. Nele se pode ver que os assinantes da Coreia do Sul já atingiam 17,2% da população em 2001, quando a penetração noutros países não ultrapassava os 5%, com exceção da Suécia (5,4%). Além disso, países como a Islândia, os Países Baixos e os países escandinavos ocupam os lugares cimeiros, o que demonstra as medidas significativas adoptadas pelos governos para impulsionar o crescimento na área da banda larga. A penetração não dá qualquer informação sobre o tipo de serviço prestado, como a velocidade (ou capacidade) e o preço oferecido.

f A velocidade e o preço são mais duas medidas de desempenho que desempenham um papel significativo no desenvolvimento da banda larga, dado que são dois dos factores determinantes mais decisivos na escolha da banda larga para adoção em massa. Infelizmente, devido a truques de

[6] A ADSL é uma tecnologia que permite a transferência de dados através de cabos telefónicos de cobre. Foi desenvolvida na década de 1980

mercado, estas duas medidas não dizem muito quando isoladas. A quantidade real de velocidade que está disponível para o cliente pode depender do número de pessoas que estão a utilizar o sistema ao mesmo tempo ou da distância do cliente à central local. Do mesmo modo, os clientes pagam tanto ao concorrente (ISP) como ao operador histórico pela utilização dos serviços de banda larga quando o concorrente retém parte da rede do operador histórico.

f Qualidade: Todas as medidas acima mencionadas descrevem algumas caraterísticas da ligação em banda larga, mas não dizem nada sobre a qualidade do serviço prestado; por exemplo, uma ligação de muito alta velocidade oferecida a um preço baixo pode não ser fiável.

f Uma última medida do desempenho da banda larga é a que calcula o grau de satisfação do utilizador com o seu tipo de ligação de banda larga e se esta satisfaz as suas necessidades e exigências. Infelizmente, essa medida não existe de facto, uma vez que ainda estamos muito longe de medir a satisfação do cliente com a utilização da banda larga. No entanto, existem empresas que abordam a questão da satisfação do cliente através de inquéritos aos clientes e à população. Um exemplo desta empresa é a Point Topic Ltd que, através de inquéritos e análises estatísticas, tem como objetivo imediato ajudar os actuais fornecedores e como objetivo mais vasto ajudar o desenvolvimento da banda larga.

1.5 Procura dos utilizadores - abordagem estatística

Embora não tenham sido efectuadas medições da satisfação dos clientes, foram aplicadas várias abordagens para identificar grupos de pessoas com interesses particulares na utilização da banda larga. Uma das abordagens é a classificação estatística dos utilizadores de banda larga e dos utilizadores sem banda larga em função da sua localização, dos seus interesses e da sua informação geodemográfica. Pretende-se assim identificar os factores de previsão mais significativos que os tornam utilizadores de banda larga. Utilizando este método, os ISP podem identificar padrões e subgrupos nos seus assinantes, de modo a poderem melhorar e, mais importante ainda, compreender as suas necessidades e exigências. No fim de contas, o fator mais importante a ter em conta é o que o utilizador quer, e não o que o fornecedor vende.

As necessidades das pessoas variam consoante os países. Por exemplo, na Coreia do Sul, um dos principais factores que contribuíram para que o mercado da banda larga atingisse níveis saturados foi o "jogo em linha". No entanto, a localização não é o único fator de discriminação das necessidades de banda larga das pessoas. Pensa-se que as populações urbanas e rurais têm interesses diferentes, bem como grupos etários diferentes. Por exemplo, uma atividade na Internet que se tornou popular após o aparecimento dos serviços de banda larga é o descarregamento de música e de vídeos, que é adotado principalmente por jovens e não por pessoas de grupos etários mais velhos. No entanto, esta é uma atividade que está a mudar e a começar a ser utilizada também por pessoas mais velhas.

Estes são apenas alguns exemplos de como as necessidades e as exigências das pessoas podem diferir em diferentes países ou mesmo em áreas mais pequenas, grupos etários e, em geral, pela sua informação geodemográfica.

No segundo capítulo do presente documento, será descrita uma abordagem estatística de dois inquéritos realizados no Reino Unido em abril-maio de 2005 e dezembro de 2005-janeiro de 2006, no que respeita às informações geodemográficas dos inquiridos e ao seu conhecimento da banda larga. Um dos objectivos da análise é identificar padrões e subgrupos que aumentem a probabilidade prevista de um potencial agregado familiar do Reino Unido se tornar um utilizador de banda larga. Além disso, a análise visa criar um modelo que calculará a probabilidade de um agregado familiar receber banda larga, tendo em conta factores como a classificação social, os grupos etários, o sexo, o tipo de casa e as actividades domésticas e na Internet.

O segundo capítulo está dividido em duas secções. A primeira contém informações descritivas sobre os inquéritos realizados, dando um panorama conciso do mercado da banda larga no Reino Unido entre 2004 e 2006. A análise estatística dos inquéritos e os resultados são apresentados na segunda secção do capítulo.

Capítulo 2

Esta secção do documento tentará dar uma imagem concisa da medição do desempenho da banda larga no Reino Unido, ilustrando dados actualizados através de mapas e histogramas. Os dados utilizados foram fornecidos pela Point Topic Ltd. Procurar-se-á também descrever o perfil dos inquiridos em ambos os inquéritos, que são incluídos na secção de análise estatística. Os inquéritos foram realizados pela *Point Topic Ltd* e pela *Recom* em abril-maio de 2005 e dezembro de 2005-janeiro de 2006.

Em seguida, o documento tentará efetuar uma análise estatística exaustiva dos inquéritos, utilizando dois métodos estatísticos básicos. O primeiro, denominado *análise fatorial*, foi realizado com o objetivo de remover questões (variáveis) redundantes (altamente correlacionadas) dos inquéritos (ficheiro de dados), substituindo todo o ficheiro de dados por um número mais reduzido de grupos de questões (componentes) não correlacionadas. Em seguida, foi aplicada uma *análise de regressão logística binária* com o objetivo de calcular a significância (coeficientes) de cada uma das componentes anteriores em relação a uma variável bivariada, nomeadamente, se o inquirido tem ou não banda larga. Por fim, foi construído um modelo apenas com os componentes que tiveram maior efeito sobre a variável bivariada.

2.1 O mercado da banda larga no Reino Unido

A primeira secção deste capítulo trata da situação atual do desempenho da banda larga no Reino Unido. O mercado da banda larga não está a desenvolver-se de forma homogénea em todas as zonas do Reino Unido. Para uma compreensão mais abrangente da situação no Reino Unido, era necessário efetuar uma análise em zonas mais pequenas, para que fosse mais fácil identificar zonas específicas com um crescimento lento ou elevado da banda larga, zonas que parecem ter níveis de desempenho apenas alcançados por nações avançadas no mercado da banda larga, ou mesmo regiões com atributos específicos. Para este efeito, foi fornecido um conjunto de dados actualizados pela Point Topic Ltd, a fim de serem analisados e ilustrados em mapas e histogramas. A passagem abaixo descreve o conjunto de dados adquirido e uma descrição concisa dos métodos e passos efectuados para o refinamento e modificação dos dados.

2.1.1 *Descrição do conjunto de dados*

- *Dados do modelo BroadNeighboorhood do Reino Unido.* Base de dados em formato .mdb (MS Access) com informações baseadas na localização, disponibilidade de um ISP específico, população, número de agregados familiares[7] , número de tipos de agregados familiares, número de agregados familiares com ligação à Internet, ligação DSL, ligação por cabo e tipo(s) de tecnologia de banda larga disponível (DSL, cabo, ambas ou nenhuma). As informações acima referidas são atribuídas a cada código postal do Reino Unido. As fontes deste conjunto de dados são os Censos de 2001, Point Topic Ltd, base de dados de códigos postais unitários Code Point e Samknows.com[8]
- *Linha DSL por zonas da BT (formato *.xls, MS Excel)* Este conjunto de dados contém informações sobre o número de linhas DSL fornecidas pela BT nos períodos de abril de 2005, dezembro de 2005 e junho de 2006 e o número de agregados familiares estimado por nível de código postal, todos classificados por zonas da BT. Estes dados foram fornecidos pela BT.
- *Dois inquéritos, realizados em* abril - maio de 2005 e dezembro de 2005 - janeiro de 2006*, pela Point Topic Ltd e pela Recom.* Os dois inquéritos contêm várias perguntas sobre: o conhecimento que as pessoas têm da banda larga e, em geral, das diferentes tecnologias da informação e das comunicações (TIC), sobre a utilização da banda larga e sobre a sua informação geodemográfica. Embora incluam quase as mesmas perguntas, não devem ser caracterizadas como ondas 1 e 2, uma vez que os inquiridos não eram os mesmos em ambos os inquéritos e não estavam distribuídos uniformemente. O número total de inquiridos do primeiro inquérito é de 2 017 e o do segundo é de 2 010 inquiridos. Na secção seguinte, será apresentada uma breve descrição do perfil dos inquiridos em ambos os inquéritos.
- *Conjunto de dados de base sobre as fronteiras do Reino Unido.* Os dados de base sobre as fronteiras do Reino Unido necessários para a cartografia do presente documento foram descarregados de http://edina.ac.uk/ukborders/ . As fronteiras do Reino Unido utilizadas para efeitos de cartografia são as fronteiras dos sectores de códigos postais, as fronteiras a nível distrital e as fronteiras a nível regional. Todos estes conjuntos de dados foram descarregados em formato shapefile (*.shp)

---

[7] estimado pela UPC

[8] Sítio Web da Code Point - http://www.ordnancesurvev.co.uk/oswebsite/products/codepoint/. Point Topic Ltd - www.point-topic.com/, Samknows - www.samknows.com/broadband/ . Note-se que os dados provenientes do CodePoint estão protegidos por direitos de autor do Ordnance Survey & GeoBusiness Solutions como revendedor licenciado

2.1.2 *Trabalhar com os dados*

Esta secção explica de forma concisa os passos e as técnicas que foram utilizados para processar os dados adquiridos e convertê-los numa forma que pudesse ser ilustrada em mapas e histogramas. As actividades consistiram principalmente no processamento de bases de dados e na análise espacial utilizando os pacotes de software: MS Access, MS Excel, SPSS, ArcGIS, ArcCatalog e Editores de Texto.

Especificamente, o primeiro conjunto de dados (*UK BroadNeighboorhood Model Data*) foi utilizado para extrair:

% o tipo de tecnologia de banda larga disponível (apenas DSL, apenas cabo, ambas, nenhuma)
% da população
% e o número total de agregados familiares que utilizam DSL, ligação por cabo à Internet ou que não estão ligados à Internet,

para cada código postal de unidade no Reino Unido.

No entanto, os registos da base de dados tinham de ser agregados num sector de código postal[9] nível de pormenor. Isto porque o processamento com dados de código postal unitário para todos os códigos postais unitários do Reino Unido[10] era um processo moroso e impraticável. Além disso, a interpretação dos resultados (mapas) era arriscada, dada a área de referência muito pequena (código postal unitário), o que poderia levar a conclusões ambíguas. A classificação por código postal unitário é preferível para cartografar e analisar áreas numa escala maior do que a do Reino Unido.

A agregação e a recodificação foram efectuadas utilizando o MS Access. A nova base de dados produzida foi depois ligada à base de dados dos antecedentes das fronteiras do Reino Unido (*.dbf) adquirida no sítio Web http://edina.ac.uk/ukborders/.

O objetivo da primeira ligação era produzir mapas e calcular a proporção de cada sector de código postal que é servido apenas por DSL ou cabo pelos ISP ou a sua falta de serviço de banda larga. Considera-se que esses mapas ajudam a apresentar as medições do desempenho da banda larga no Reino Unido.

O segundo conjunto de dados (*DSL Une by BT areas*) contém as linhas DSL fornecidas pela BT. Como já foi referido, a BT é o fornecedor histórico do Reino Unido e fornece serviços DSL através da *banda larga BT Retail, BT Wholesale* e *BT Business*. As informações relativas podem ser consultadas no sítio Web da Point Topic[11] . Quase 99% das linhas DSL (fonte: Point Topic Ltd) no mercado grossista são fornecidas pela BT. Por conseguinte, pode presumir-se, dada uma pequena variação, que o número de linhas DSL indicado no segundo conjunto de dados representa o total de linhas DSL utilizadas pelos agregados familiares e pelas empresas no Reino Unido.

Os dados estão classificados em determinadas zonas do Reino Unido, nomeadamente as zonas BT. Assim, foi necessário criar um fundo de fronteiras do Reino Unido coerente com os dados fornecidos. Para o efeito, a base das fronteiras administrativas do Reino Unido, descarregada do sítio Web http://edina.ac.uk/ukborders/, foi modificada utilizando as ferramentas adequadas da funcionalidade Arc Toolbox do ArcGIS v.9.

Os mapas que foram elaborados a partir dessa base de dados espacial ilustram o número de linhas DSL, o crescimento e a penetração da banda larga com base no número de instalações estimado pela UPC, para cada uma das áreas BT em abril de 2005, dezembro de 2005 e junho de 2006.

Por último, o último conjunto de ficheiros de dados (os dois inquéritos) foi utilizado para extrair informações geodemográficas e não geodemográficas, a fim de descrever o perfil dos inquiridos no Reino Unido. Foram também utilizados para uma abordagem estatística que poderia ajudar a identificar subgrupos de utilizadores de banda larga e a calcular a importância dos factores ou preditores da utilização da banda larga no Reino Unido. A análise estatística, no entanto, é discutida em maior pormenor mais adiante neste capítulo.

Os métodos utilizados para extrair as informações práticas dos ficheiros de dados do inquérito basearam-se principalmente em operações que utilizam as funcionalidades do SPSS, como as *frequências e as tabelas cruzadas*. Por fim, foi feita uma comparação entre os dois ficheiros de dados extraídos, a fim de identificar semelhanças e desigualdades entre os inquiridos dos dois inquéritos realizados. Os resultados são apresentados na secção seguinte.

2.1.3 *Apresentação das exportações*

A) Estatísticas sobre a banda larga no Reino Unido

---

[9] Setor do código postal - www.statistics.gov.uk/geography/postal_geog.asp
[10] total de códigos postais unitários no Reino Unido 1,78 milhões aproximadamente - www.statistics.gov.uk/geography/postal_geog.asp
[11] http://www.point-topic.com/content/operatorsource/profiles/bt+wholesale.htm

A tecnologia de banda larga é um método de acesso à Internet em rápido crescimento. Em muitos países, a banda larga é fornecida principalmente de duas formas: DSL (pelos operadores de telecomunicações) e modem de cabo (pelas empresas de televisão). O gráfico seguinte apresenta o número de assinantes de banda larga de acordo com os dados mais recentes (dezembro de 2005) da OCDE.[12]

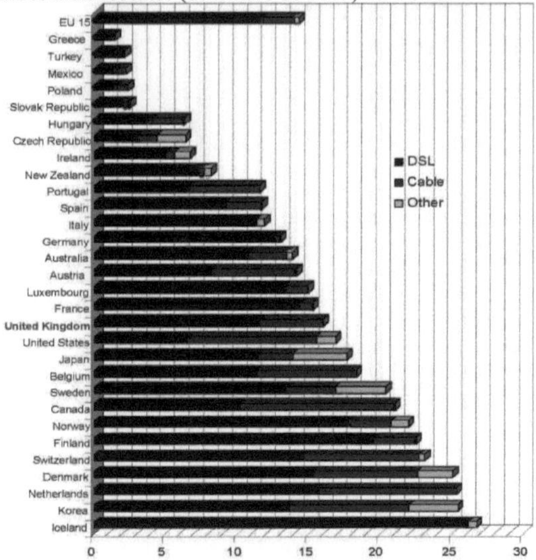

Figura 1.1 - **Assinantes de banda larga da OCDE por 100 habitantes, por tecnologia, dezembro de 2005**

De acordo com o gráfico, o Reino Unido apresenta uma percentagem notável de assinantes de cabo, mas a DSU é certamente a ligação à Internet de banda larga mais popular, tal como na maioria dos países. De acordo com a mesma fonte, o número de assinantes de banda larga é de *9 539 900* e a população total do Reino Unido é de 59 834 300[13] (estimativa das estatísticas nacionais de 2005). Os dois milhões e meio de assinantes de cabo (OCDE) são servidos, em grande parte, pelas duas empresas de cabo mais populares, a NTU e a TEUEWEST[14] , ao passo que o operador histórico, a British Telecom (BT), fornece linhas DSU a cerca de 6,6 milhões de assinantes.

Por conseguinte, pode presumir-se que o número de ligações DSU e de modem de cabo representa a quase totalidade das ligações de banda larga em todo o Reino Unido (dezembro de 2005). O número estimado de agregados familiares no Reino Unido pela UPC é de 25 894 444 e, de acordo com o ficheiro de dados da Point Topic *(UK BroadNeighboorhood Model Data*), o diagrama que se segue mostra a proporção de agregados familiares de banda larga no Reino Unido em comparação com os que utilizam outras formas de ligação à Internet.

[12] source OECD-http://www.oecd.org/document/23/0,2340,en_2825_495656_33987543_1_1_1_1,00.html

[13] para mais informações - http://www.statistics.gov.uk/CCI/nugget.asp?ID=6

[14] As empresas NTL e Telewest foram fundidas em julho de 2005. Para mais informações, consultar o sítio Web: http://www.dtg.org.uk/news/news.php?id=984

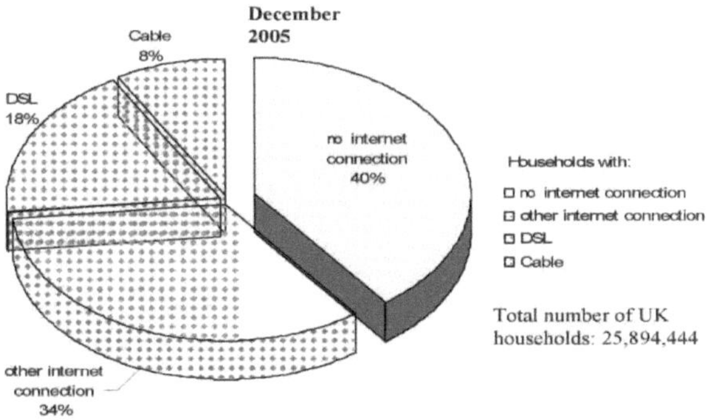

Figura 2.2 - **Número de agregados familiares que utilizam banda larga, por tecnologia**, fonte Point Topic Utd, ficheiro de dados: ***Dados do modelo BroadNeighboorhood do Reino Unido***

Considerando as duas tecnologias, vale a pena referir que a área de cobertura dos serviços DSL e Cabo está longe de ser igual. Os mapas seguintes ilustram a magnitude da primeira consideração[9]

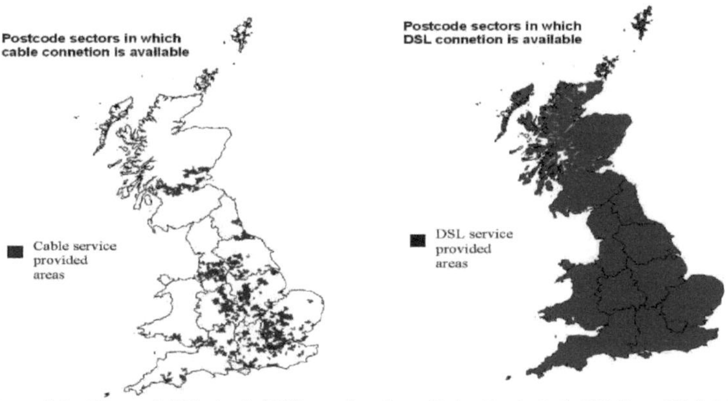

Figura 2.2 - **Disponibilidade de DSL e cabo**, fonte Point Topic Ltd, ***UK BroadNeighboorhood Model Data,*** meados de 2005

O número estimado de códigos postais unitários no Reino Unido pela UPC é de 1.759.517, dos quais apenas 870.876 (49%) dispõem de serviços por cabo, enquanto os serviços DSL estão disponíveis em quase toda a área do Reino Unido, 1.734.627 (99%) códigos postais unitários.

Tendo em conta o facto de os serviços DSL estarem inteiramente disponíveis no Reino Unido, foi elaborado um conjunto de mapas que retratam o número e o crescimento das linhas DSL nas áreas da BT, de acordo com as linhas comunicadas pela BT, e que são apresentados em seguida.

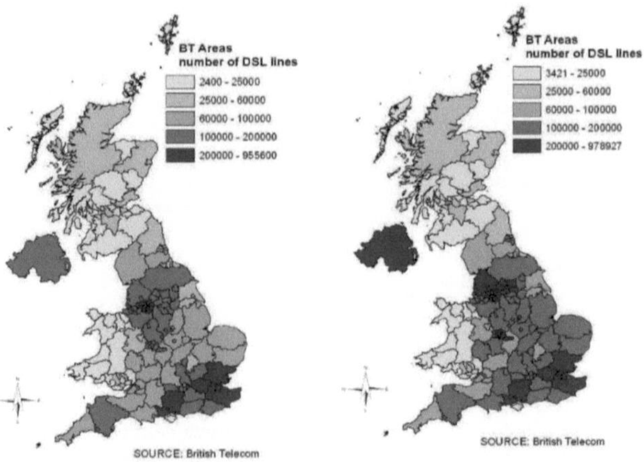

DSL lines in December 2005 **DSL lines in June 2006**

Figura 2.3 - **Número de linhas DSL**, fonte Point Topic Ltd, fornecedor de dados BT

Como se pode ver, um elevado número de linhas DSL parece estar centralizado em torno de áreas urbanas, como Londres, Greater Manchester e Birmingham. O aumento que se regista no Leste de Inglaterra e nas East Midlands também é notório. No entanto, as figuras seguintes (2.5 e 2.6) devem ser consideradas para uma compreensão mais profunda do crescimento do número de linhas DSL nas áreas da BT no período entre abril de 2005 e junho de 2006.

Devido à falta de número de linhas DSL para as áreas da BT na Escócia, as áreas anteriores foram unidas e o crescimento médio foi atribuído a todas elas (53,4%).

Considerando o mapa, o baixo crescimento surge principalmente nas zonas urbanas. Por outro lado, os locais com um número limitado de linhas DSL registam um crescimento significativo, como é o caso das zonas do País de Gales e de Yorkshire & Humberside.

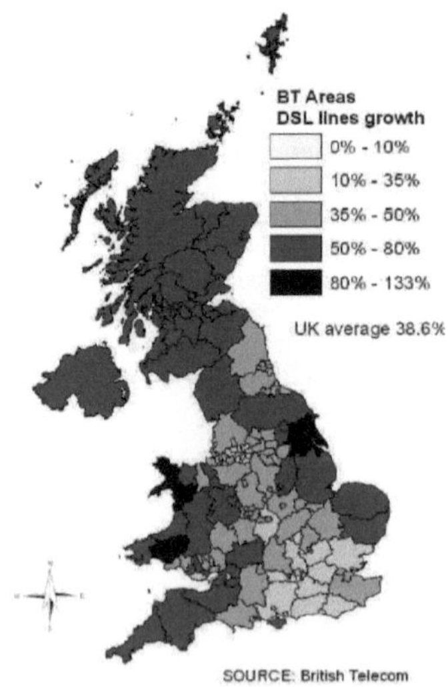

Figura 2.4 - **Crescimento das linhas DSL entre abril de 2005 e dezembro de 2005**

Fonte: Point Topic Ltd, fornecedor de dados BT

No segundo período de tempo, a média de crescimento do Reino Unido diminuiu significativamente. Tendo em conta o intervalo de tempo entre os dois inquéritos e o facto de os dois períodos de tempo durarem alguns meses, esta alteração do crescimento do Reino Unido pode ser explicada por uma série de razões diferentes.

Uma primeira razão possível é que esse fenómeno é uma consequência natural das zonas urbanas em que o número de linhas DSL é significativamente elevado, rondando os níveis saturados, o que atrasa o crescimento.

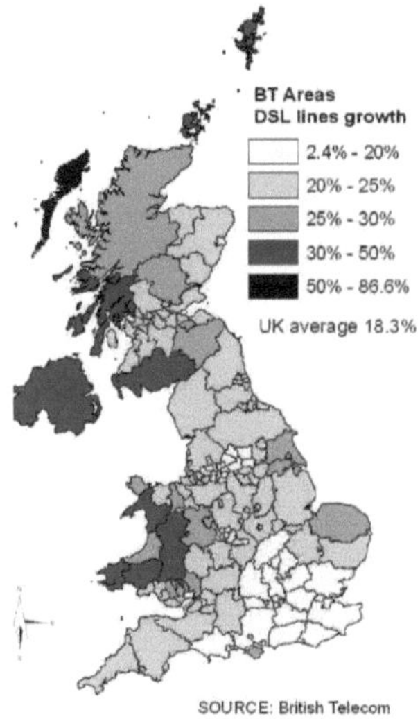

Figura 2.6 - **Crescimento do número de linhas DSL entre dezembro de 2005 e 06 de junho,** fonte Point Topic Ltd, fornecedor de dados BT

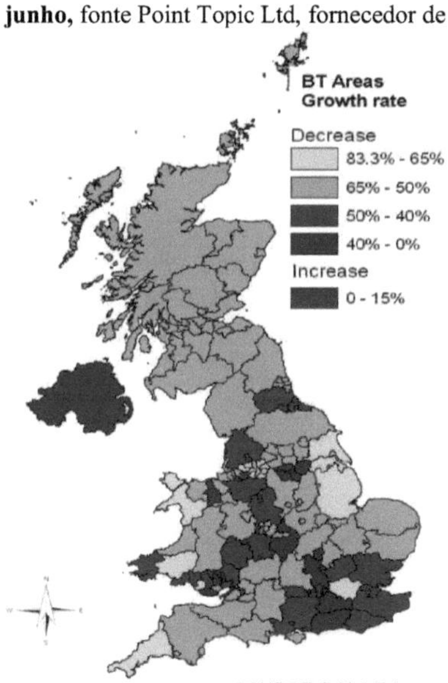

Figura 2.7 - **Taxa de crescimento entre os períodos de abril 05 - dezembro 05 e dezembro 05 - junho 06**

Outra explicação possível poderá ser o facto de muitos FSI escolherem determinados períodos de tempo para fazer publicidade e, sobretudo, para promover os seus produtos com ofertas atractivas, o que aumenta o número de subscrições nesse período.

Além disso, como se pode ver, as zonas que apresentam um maior crescimento em junho de 2006 têm um número relativamente baixo de linhas DSL, de acordo com a figura 2.4. A primeira consideração pode dever-se ao facto de essas zonas manterem uma taxa de adoção da DSL elevada ou de terem adotado tardiamente a tecnologia DSL em relação a outras zonas do Reino Unido.

Assim, foi elaborado o mapa seguinte, que mostra a variação da taxa de crescimento durante o mesmo período. Mais uma vez, devido à falta de dados relativos ao número de linhas DSL nas zonas escocesas da BT em abril de 2005, foi utilizada a média escocesa para os cálculos.

O Reino Unido registou sobretudo uma diminuição do crescimento da adoção de linhas DSL. Apenas uma zona da BT, no sul do País de Gales, *Vale of Glamorgan*, registou um aumento do crescimento no segundo período. O número de linhas DSL nessa zona é reduzido e o seu aumento no crescimento da DSL é particularmente pequeno. Por conseguinte, a referida zona pode ser considerada como estando atrasada na adoção da DSL. No entanto, o

As conclusões para uma área de grande dimensão necessitam de uma análise mais aprofundada da sua penetração da banda larga e das caraterísticas geodemográficas da sua população.

A penetração da banda larga é o tema dos mapas que se seguem. A penetração é uma medida de desempenho da banda larga que pode ser calculada com base na população total ou no número total de agregados familiares. Ambos os tipos são amplamente utilizados, mas é fundamental saber claramente a qual dos dois se refere uma análise, uma vez que os resultados decorrentes desses dois tipos de penetração são bastante diferentes.

No presente documento, a penetração da banda larga, ou densidade da banda larga (segundo a Point Topic Ltd), baseia-se sempre no número total de agregados familiares. A razão para esta seleção é dupla. Em primeiro lugar, os dados adquiridos foram principalmente classificados em agregados familiares, o que facilitou muito a manipulação dos dados e, em segundo lugar, considerando que num agregado familiar mais do que uma pessoa pode utilizar a mesma linha de banda larga, o cálculo da densidade da banda larga com base nos agregados familiares faz mais sentido em termos do desempenho de uma determinada zona em termos de utilização da banda larga.

Os mapas seguintes apresentam a penetração nas zonas de BT para os dois períodos de tempo.

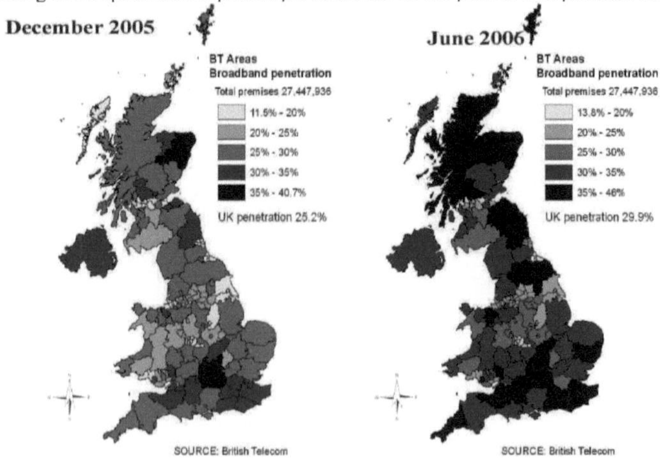

Figura 2.8 - **Penetração da banda larga nas zonas BT**, fonte Point Topic Ltd, fornecedor de dados BT

Tendo em conta as informações fornecidas, registou-se um aumento de 4,7% de agregados familiares no Reino Unido que adoptaram a banda larga entre dezembro de 2005 e junho de 2006. De acordo com dados anteriores da mesma fonte, a densidade da banda larga no Reino Unido em abril de 2005 era de 18,2%.

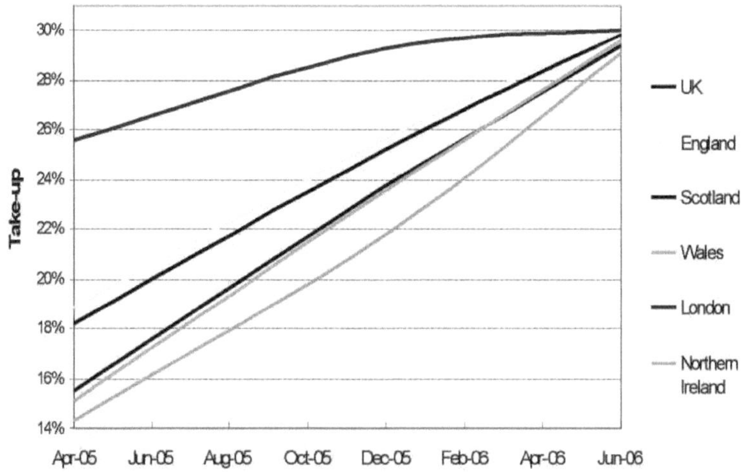

Figura 2.9 - **Adoção da banda larga no Reino Unido abril de 2005 - junho de 2006**, fonte Point Topic Ltd, fornecedor de dados BT.

Deve acrescentar-se que foi utilizado um número constante de agregados familiares para os cálculos acima referidos da penetração da banda larga. Na realidade, o número estimado de agregados familiares varia num determinado período de tempo. Essa desigualdade pode causar uma ligeira imprecisão nas percentagens apresentadas. No entanto, para efeitos do presente documento, partiu-se do princípio de que a variação do número estimado de agregados familiares no Reino Unido não afectará grandemente a imagem do mercado britânico da banda larga que se espera obter após a análise dos conjuntos de dados.

De acordo com o gráfico (Figura 2.9), é bastante claro que a penetração em Londres está estabilizada nos 30% ou mesmo que poderá registar um ligeiro decréscimo. Embora a penetração da DSL em Londres apresente um valor relativamente elevado, poderá haver outra explicação para o crescimento lento das linhas DSL da BT. Tal como já foi referido no exemplo da Bulldog (p.4-5), 36 os concorrentes entraram fortemente no mercado grossista, fornecendo os seus próprios serviços DSL, o que abrandou o crescimento das linhas DSL da BT.

Como já foi referido, mesmo a penetração não constitui uma medida adequada do desempenho da banda larga quando isolada. Para identificar as zonas com bom desempenho no mercado da banda larga, a penetração pode ser considerada em conjunto com o crescimento das linhas DSL. Este método pode apontar zonas com elevada densidade de banda larga e com um crescimento significativo de linhas DSL, o que significa que não só já atingiram níveis de penetração mais elevados, como continuam a adotar um grande número de novos assinantes em relação a outras zonas colaterais. Pode também apontar zonas próximas de níveis saturados de adoção da banda larga, se os dados disponíveis se referirem a um período de tempo mais longo.

O conjunto de figuras seguinte ilustra a relação entre o crescimento da DSL e a densidade da banda larga nas zonas BT em junho de 2006.

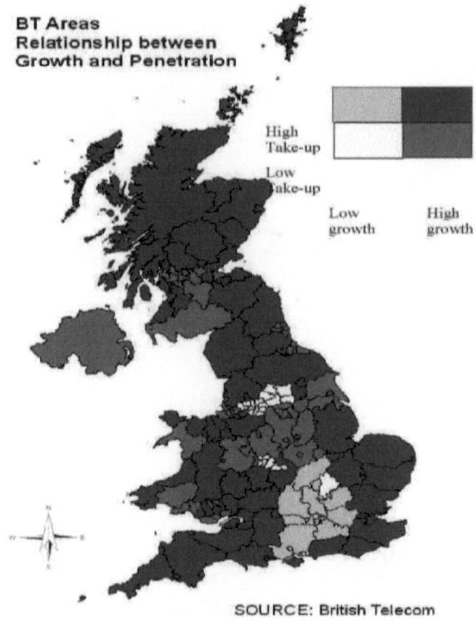

Figura 2.10 - **Relação entre absorção e crescimento, junho 2006.** Fonte: Point Topic Ltd, fornecedor de dados BT

Considerando o mapa, a cor verde significa zonas com densidade de banda larga superior à média do Reino Unido e crescimento inferior à média do Reino Unido. Analisando mais aprofundadamente a primeira consideração, pode presumir-se que essas zonas abrandaram o seu crescimento da banda larga por terem atingido níveis de saturação. Além disso, a elevada densidade da banda larga implica possivelmente que essas zonas registaram um elevado crescimento da banda larga num passado próximo, o que as levou a atingir esses níveis de penetração. No entanto, para uma análise mais eficaz das zonas com bom desempenho, os dados disponíveis devem referir-se a um período de tempo mais longo.

Os gráficos que se seguem representam a questão anterior utilizando a dispersão, o que ajuda o leitor a obter uma imagem completa da evolução da banda larga em todas as zonas BT do Reino Unido.

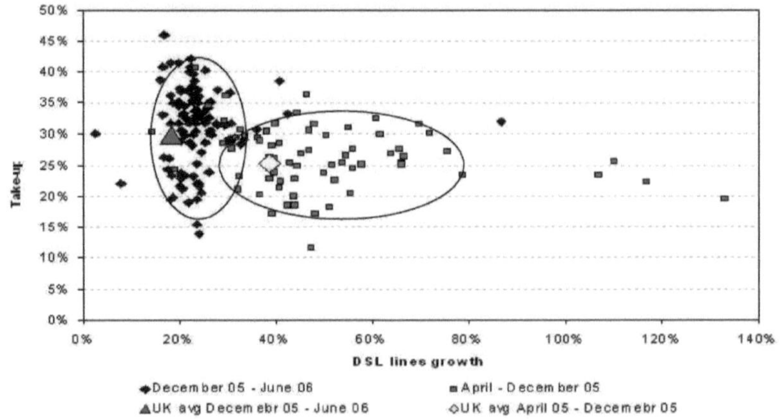

Figura 2.11- **Relação entre aceitação e crescimento, percentagens de abril de 2005 a junho de 2006,** fonte Point Topic Ltd, fornecedor de dados BT

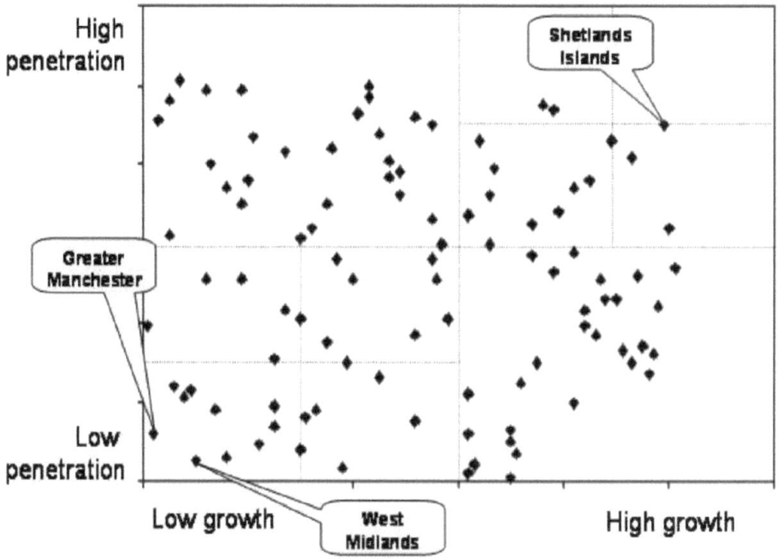

Figura 2.12 - **Relação entre aceitação e crescimento, classificação de dezembro de 2005 a junho de 2006**, fonte Point Topic Ltd, fornecedor de dados BT

A figura 2.11 utiliza as percentagens exactas de crescimento e penetração da DSL para criar duas nuvens de zonas BT que mostram a distribuição das zonas BT em termos de crescimento e penetração. Além disso, se os dados relativos a outros períodos de tempo também estivessem disponíveis, poderia ser possível determinar possíveis tendências das áreas de BT utilizando esse método.

Finalmente, a figura 2.12 foi criada classificando todos os valores de crescimento e penetração do mais alto para o mais baixo. Tal como está representado, o gráfico pode ser útil quando se pede para identificar as áreas com melhor e pior desempenho.

B) Inquéritos

Nesta secção, foi feita uma tentativa de fornecer uma imagem do perfil dos respondentes dos dois inquéritos. Como já foi referido, os dados extraídos baseavam-se em informações geodemográficas e não geodemográficas. Para fins de mapeamento, os respondentes dos inquéritos precisavam de ser agregados em áreas de código postal[10] , porque em ambos os ficheiros de dados dos inquéritos, o campo que contém a informação do código postal da unidade nem sempre foi completamente preenchido, de modo que em muitos registos apenas foram registadas as primeiras duas, três, quatro ou cinco letras. Por conseguinte, os registos tinham de ser classificados na mesma base, que, neste caso, era a área do código postal (as duas primeiras letras do código postal).

Os mapas que se seguem ilustram a frequência dos respodentes em cada área.

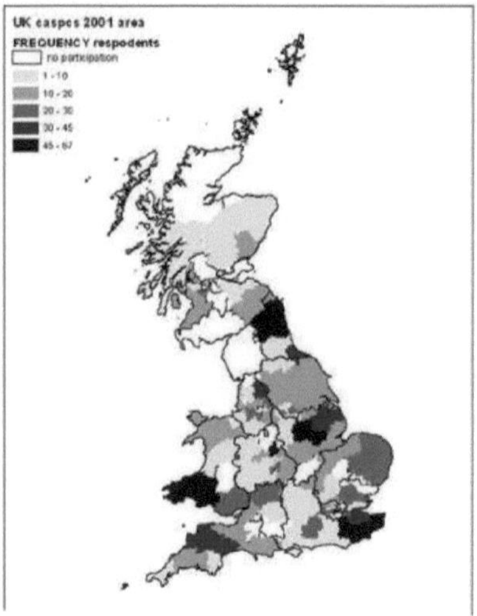

Figura 2.13 - **Número de inquiridos no inquérito 1, classificados por zona de código postal,** fonte Point Topic Ltd.

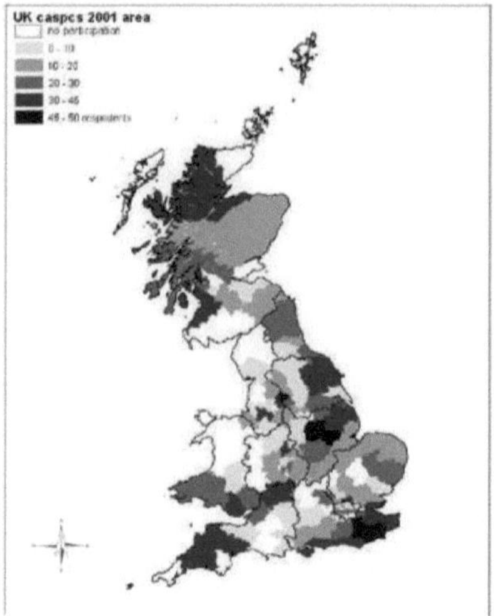

Figura 2.14 - **Número de inquiridos do inquérito 2st , classificados por área de código postal,** fonte Point Topic Ltd.

[1] Área de código postal - para mais informações, consultar www.statistics.gov.uk/geography/postal_geog.asp

O gráfico seguinte mostra as categorias de idade em ambos os inquéritos. No primeiro inquérito, a categoria etária mais populosa foi a dos 35 aos 44 anos, tanto para os homens como para as mulheres. Já no segundo, a categoria etária dos 45 aos 54 anos é de longe a mais frequente.

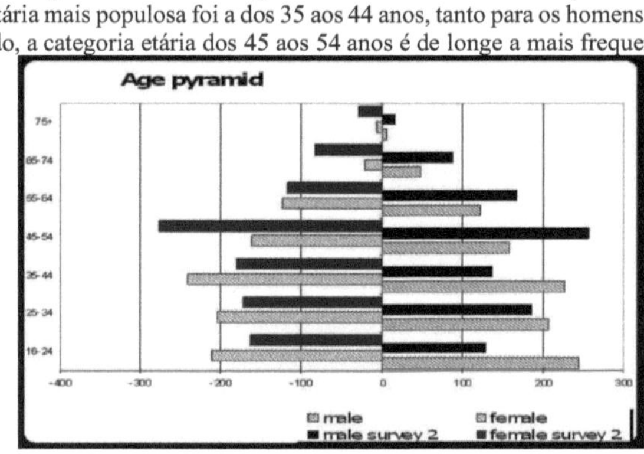

Figura 2.15 - **Pirâmide etária para ambos os inquéritos**, fonte Point Topic Ltd.

Outras informações geodemográficas que foram extraídas dos ficheiros de dados dos inquéritos foram a população urbana e rural e o tipo de classificação social dos inquiridos.

Em primeiro lugar, a figura 2.16 foi criada através da classificação dos utilizadores em populações urbanas e rurais. A classe urbana reúne todos os inquiridos que vivem em grandes e pequenas cidades. A percentagem da população rural é constituída apenas por aqueles que vivem em zonas rurais.

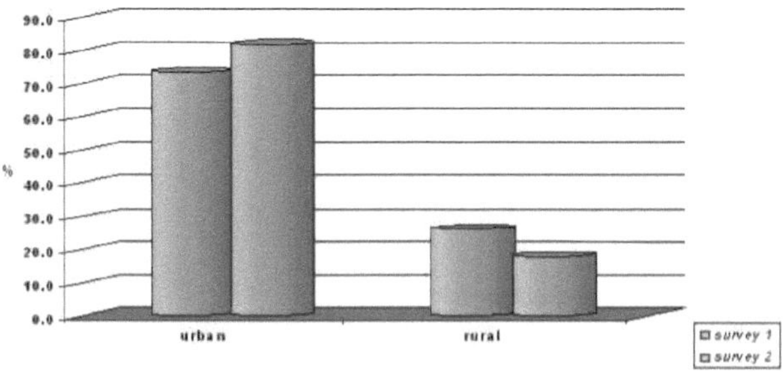

Figura 2.16 - **Inquiridos urbanos e rurais**, fonte Ponto

Em segundo lugar, no gráfico de classificação social (representado abaixo), a percentagem média do Reino Unido é também acrescentada para avaliar a coerência dos dois inquéritos. A classe C_i é a mais frequente, seguida da C2 em ambos os inquéritos, enquanto na média do Reino Unido as segundas classes mais frequentes são a B e a C_2 .

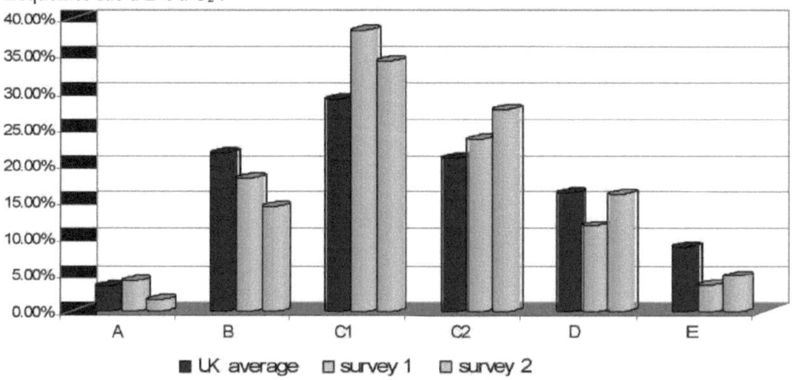

Figura 2.17 - Classificação social dos inquiridos, fonte Point Topic Ltd e Estatísticas Nacionais
http://www.statistics.gov.uk/CCI/SearchRes.asp?term=social&x=O&y=O

Especificamente, as classes representam:

A: classe média alta (médico, solicitador, advogado, contabilista, diretor de empresa)

B: classe média (professor, enfermeiro, polícia, agente de liberdade condicional, gestor intermédio)

Cp classe média-baixa (gestor júnior, estudante, empregados de escritório, supervisores)

C2: classe trabalhadora qualificada (capataz, trabalhador agrícola, canalizador, pedreiro)

D: classe operária (trabalhadores manuais, operários, pescadores, aprendizes)

E: a classe baixa (trabalhadores ocasionais, pensionistas do Estado).

*No gráfico de classificação social, a classe **C** é constituída pelas classes C_i e C_2*

O conjunto de gráficos que se segue apresenta uma imagem concisa das respostas registadas sobre o conhecimento que as pessoas têm da banda larga e de outras tecnologias da informação e da comunicação (TIC).

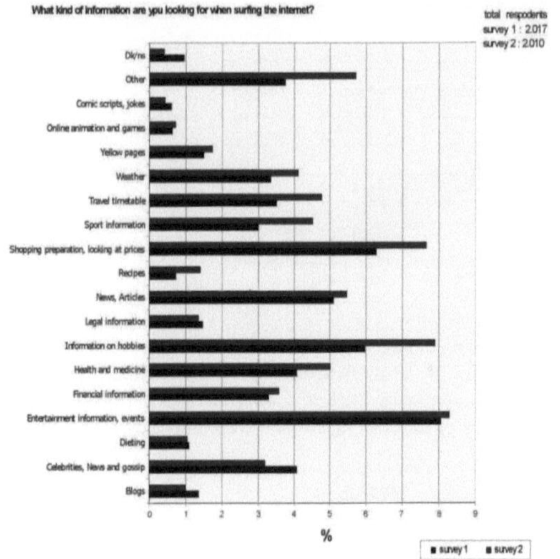

Figura 2.18- **Que informações procura quando navega na Internet**, fonte Point Topic Ltd

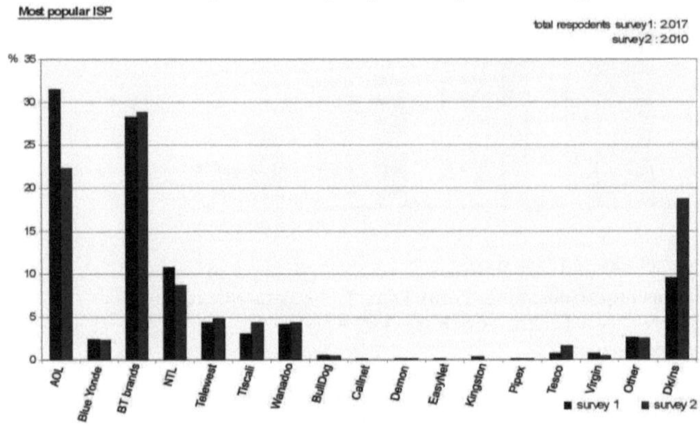

Figura 2.19 - Qual o primeiro ISP que lhe vem à cabeça? Fonte Point Topic Ltd

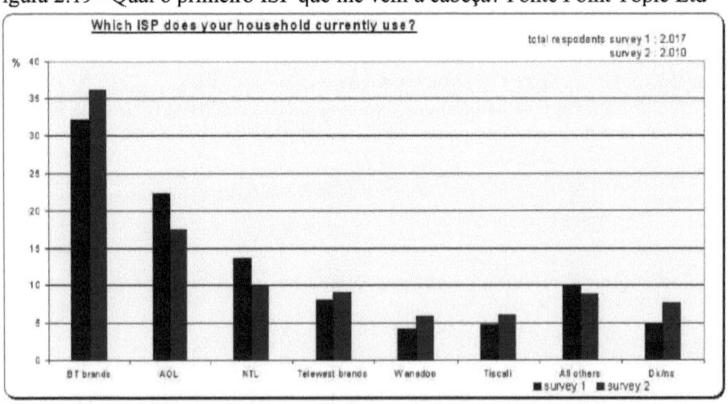

Figura 2.20 - **Que ISP utiliza atualmente o seu agregado familiar**, fonte Point Topic Ltd

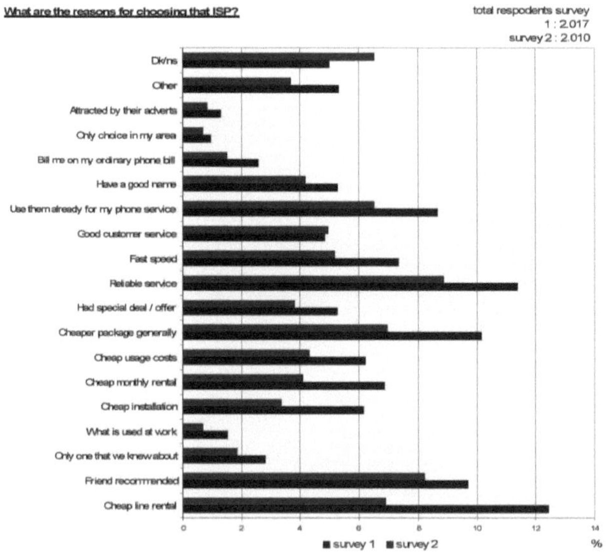

Figura 2.21 - **Quais as razões para escolher esse ISP**, fonte Point Topic Lda.

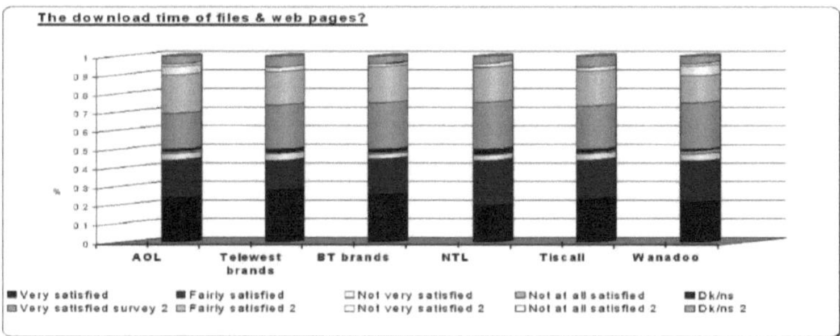

Figura 2.21 - **Qual o seu grau de satisfação com o tempo de descarregamento de ficheiros e páginas Web?**, fonte Point Topic Ltd

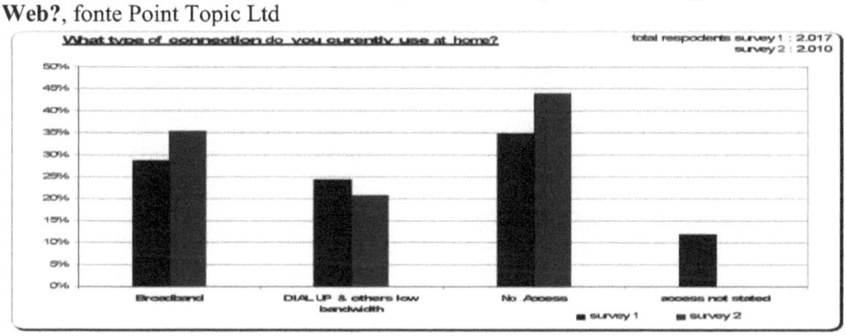

Figura 2.22- **Que tipo de ligação utiliza atualmente em casa?**, ponto de origem Topic Ltd

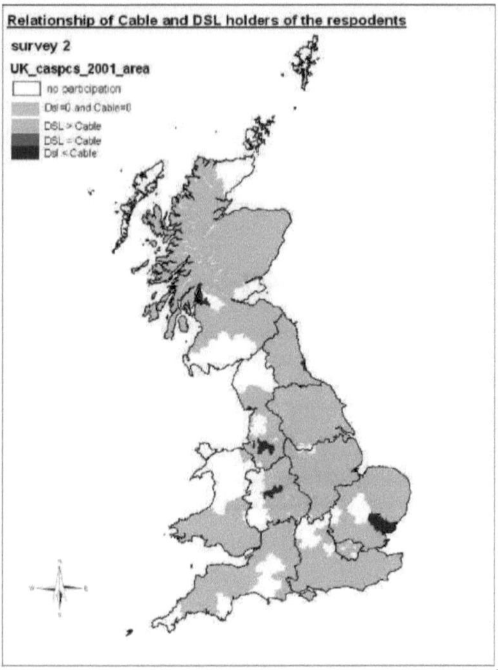

Figura 2.23 - **Detentores de modems DSL e Cabo, inquérito 2nd** ,
fonte Point Topic Ltd

Em resumo, a maioria dos inquiridos vive em cidades ou vilas e pertence à classe social C. Utilizam a Internet principalmente para procurar informações sobre os seus passatempos, sobre actividades de entretenimento ou para pesquisar preços. Além disso, os ISP mais populares entre os inquiridos são as marcas BT (BT Broadband, BT Yahoo Broadband, BT Yahoo Internet, incluindo anytime e Pay as you go), AOL e o fornecedor de televisão por cabo NTL. As razões mais populares para selecionar um determinado ISP são o aluguer barato da linha e a fiabilidade do serviço.

No entanto, as informações acima referidas podem levar o leitor a conclusões infundadas se tentar contabilizá-las para toda a população do Reino Unido. Os dados extraídos referem-se apenas à população dos inquiridos nos dois inquéritos. Por exemplo, foi elaborado o mapa da figura 2.23, que mostra a relação entre o número de titulares de DSL e de modem por cabo no segundo inquérito.

Considerando o mapa, as áreas de cor vermelha indicam que o número de utilizadores de modem por cabo é superior ao número de utilizadores de DSL na população dos inquiridos. Por esse motivo, seria incorreto concluir que essas zonas têm um maior número de assinantes de cabo do que de assinantes de DSL.

Assim, a próxima secção procura apresentar considerações mais abrangentes e justificadas sobre os subgrupos, os padrões e os principais factores de previsão da existência ou não de banda larga em casa.

2.2 O mercado da banda larga no Reino Unido - abordagem estatística

Esta secção tentará efetuar uma análise estatística do ficheiro de dados dos inquéritos fornecido pela Point Topic Ltd. O objetivo desta operação foi, em primeiro lugar, remover as perguntas (variáveis) correlacionadas, de modo a obter grupos de perguntas (componentes) não correlacionadas que representassem algumas das variáveis significativas e que permitissem a construção de um modelo. O segundo objetivo da análise é a construção do modelo e o cálculo da significância de cada preditor para a questão dependente, neste caso o facto de ter ou não ter ligação de banda larga em casa.

A análise acima descrita foi aplicada a ambos os inquéritos, de modo a identificar semelhanças ou diferenças entre os dois inquéritos. Neste ponto, deve acrescentar-se que os dois métodos utilizados, *a análise de factores* para a redução dos dados e *a análise de regressão logística binária* para a construção do modelo, produzem vários quadros e gráficos para medir a qualidade e a precisão dos resultados. No entanto, para efeitos do presente documento, considerou-se que apenas os quadros e gráficos principais e importantes deviam ser apresentados e explicados no conteúdo do presente documento. Os restantes são apresentados em apêndice, no final do documento

2.2.1 *Análise fatorial e análise de componentes principais, inquéritos 1 e 2*

A análise fatorial (AF) é uma ferramenta poderosa para analisar grandes conjuntos de ficheiros de dados. A técnica que foi seguida para analisar e reduzir o número de perguntas (variáveis) foi a Análise de Componentes Principais (ACP). Existem vários livros e artigos na literatura sobre estes dois métodos e é muitas vezes confuso se estes dois métodos são técnicas distintas (Ian T.Jollife 2002, sec. 7) ou se a ACP faz parte da AF. O termo AF é frequentemente utilizado para englobar todas as técnicas que conduzem à redução de dados. Esta confusão resulta do facto de os dois métodos partilharem muitos procedimentos comuns (R.Bradshaw, PCA, handouts University of Nottingham). De forma concisa, a ACP pode ser considerada como uma abordagem estatística que é uma função das suas variáveis (J. Edward Jackson 2003),

$$PC_1 = w_{11}X_1 + w_{12}X_2 + \mathbf{K} + w_{1n}X_n$$
$$PC_2 = w_{21}X_1 + w_{212}X_2 + \mathbf{K} + w_{2n}X_n$$
$$\mathrm{M}$$
$$PC_m = w_{m1}X_1 + w_{m2}X_2 + \mathbf{K} + w_{mn}X_n$$

Onde: PC_m são m componentes principais,

X_n são as variáveis

E: Wxy são as ponderações, conhecidas como *loadings*.

Enquanto que na AF, as variáveis são funções dos factores comuns (R.Bradshaw, FA handouts University of Nottingham).

$$X_1 = w_{11}CF_1 + w_{12}CF_2 + \mathbf{K} + w_{1m}CF_m + UF_1 + e_1$$
$$X_2 = w_{21}CF_1 + w_{22}CF_2 + \mathbf{K} + w_{2m}CF_m + UF_2 + e_2$$
$$\mathrm{M}$$
$$X_n = w_{n1}CF_1 + w_{n2}CF_2 + \mathbf{K} + w_{nm}CF_m + UF_n + e_n$$

Em que: existem n variáveis (X)

CFm são os factores comuns, $w.y$ as cargas,

UF_n os factores únicos e e_n os resíduos.

Para efeitos deste trabalho, a técnica aplicada foi a PCA, uma vez que as componentes não eram conhecidas à priori. O objetivo da aplicação desta técnica foi o de resultar na identificação e interpretação dos Componentes Principais.

Procedimento

Esta secção descreverá e explicará, na medida do possível, a metodologia e as etapas realizadas para identificar e interpretar os componentes principais extraídos. Apresentará também alguns dos resultados da análise de ambos os inquéritos. Os restantes resultados são apresentados no Apêndice, no final do documento. O procedimento foi efectuado utilizando o pacote de software SPSS e baseia-se e é assistido pelo "*Handbook of Statistical Analyses Using SPSS, de Brian Everitt, Sabine Landau, Landau Landau, 2004*" e por um tutorial de ACP de Lindsay I. Smith[15]

<u>Seleção de variáveis</u>

O primeiro passo que teve de ser dado foi a seleção das variáveis a utilizar pelo modelo. Cada um dos questionários continha várias perguntas sobre informações geodemográficas e não geodemográficas. A seleção de variáveis é um passo crucial para qualquer ACP (segundo Paul Kline, 1994 cap.1), uma vez que os resultados serão tão bons quanto as variáveis originais. Por essa razão, foi feita uma seleção cuidadosa das variáveis, executando o teste várias vezes utilizando diferentes combinações das variáveis até os resultados serem satisfatórios. Infelizmente, é também de salientar que, embora algumas das variáveis fossem consideradas importantes e se esperasse que fossem utilizadas pelo modelo, acabaram por ser excluídas, uma vez que estavam a provocar o fim do processo, apresentando uma mensagem de erro - aviso:

> "*Há menos de dois casos, pelo menos uma das variáveis tem variância zero, há apenas uma variável na análise ou os coeficientes de correlação não puderam ser calculados para todos os*

---

[15] o tutorial está disponível no sítio Web: http://www.ucl.ac.uk/oncology/MicroCore/HTML_resource/PCA_1.htm

pares de variáveis. Não serão calculadas mais estatísticas

O objetivo de qualquer ACP é extrair um número limitado de componentes não correlacionados que descrevam adequadamente a variância do ficheiro de dados inicial. Especificamente, começa por identificar uma combinação linear entre as variáveis (o primeiro componente) que representa o máximo de variação no ficheiro de dados inicial. Em seguida, continua a identificar outra combinação linear (segundo componente) da variância restante do ficheiro de dados inicial que não está correlacionada com a anterior. O processo pára quando toda a variância (100%) do ficheiro de dados inicial é contabilizada para um certo número de componentes (Paul Kline 1994, cap.3 p29-41 e tutorial de Lindsay I. Smith). Normalmente, um número limitado de componentes, na ordem em que foram extraídos, descreve a maior parte da variância do ficheiro de dados. Por conseguinte, estes componentes podem substituir as variáveis iniciais e interpretá-las sem grande perda de informação. Esta técnica é também utilizada na compressão de imagens (segundo Lindsay I. Smith 2002).

O processo foi efectuado através de dois ângulos diferentes. O primeiro continha apenas informação geodemográfica, enquanto o segundo era uma mistura de informação geodemográfica e não geodemográfica. O objetivo desta discriminação foi identificar possíveis semelhanças e diferenças no resultado dos testes com base nos dois conjuntos de dados diferentes. Os quadros seguintes apresentam as variáveis que foram finalmente utilizadas pelo modelo e os resultados dos testes, tanto para as formas como para os inquéritos.

v 1s '.analysis - utilização de ***informações geodemográficas apenas***

Variância total explicada - PESQUISA 1

Componente	Valores próprios iniciais			Extração Somas de cargas quadradas			Somas de cargas quadráticas de rotação		
	Total	% de variação	% acumulada	Total	% de variação	Acumulado %	Total	% de variação	Acumulado %
1	4.933	12.032	12.032	4.933	12.032	12.032	4.853	11.836	11.836
2	3.078	7.507	19.540	3.078	7.507	19.540	2.628	6.410	18.247
3	2.648	6.457	25.997	2.648	6.457	25.997	2.515	6.135	24.381
4	2.555	6.233	32.230	2.555	6.233	32.230	2.409	5.876	30.257
5	2.480	6.049	38.279	2.480	6.049	38.279	2.318	5.654	35.911
6	2.196	5.355	43.635	2.196	5.355	43.635	2.081	5.074	40.985
7	2.108	5.142	48.777	2.108	5.142	48.777	2.039	4.972	45.958
8	2.092	5.103	53.880	2.092	5.103	53.880	2.020	4.926	50.884
9	2.029	4.950	58.830	2.029	4.950	58.830	2.005	4.890	55.774

10	1.782	4.346	63.175	1.782	4.346	63.175	1.775	4.328	60.102
11	1.684	4.107	67.282	1.684	4.107	67.282	1.672	4.077	64.179
12	1.612	3.933	71.214	1.612	3.933	71.214	1.622	3.957	68.135
13	1.277	3.114	74.329	1.277	3.114	74.329	1.575	3.842	71.977
14	1.164	2.840	77.169	1.164	2.840	77.169	1.337	3.260	75.237
15	1.138	2.775	79.944	1.138	2.775	79.944	1.313	3.204	78.440
16	1.118	2.727	82.671	1.118	2.727	82.671	1.306	3.186	81.626
17	1.053	2.568	85.239	1.053	2.568	85.239	1.266	3.089	84.715
18	1.039	2.533	87.772	1.039	2.533	87.772	1.163	2.836	
19	1.020	2.488	90.260	1.020	2.488	90.260	1.111	2.710	*Q* 90.260

Método de extração: Análise de componentes principais.

Quadro 1 - **Variância total explicada, inquérito 1**

Variância total explicada -SURVEY 2

Componente	Valores próprios iniciais			Extração Somas de cargas quadradas			Somas de cargas quadráticas de rotação		
	Total	% de variação	% acumulada	Total	% de variação	Acumulado %	Total	% de variação	Acumulado %
1	5.004	11.638	11.638	5.004	11.638	11.638	4.906	11.410	11.410
2	3.522	8.191	19.829	3.522	8.191	19.829	2.465	5.731	17.142
3	2.920	6.791	26.620	2.920	6.791	26.620	2.456	5.712	22.853
4	2.625	6.104	32.724	2.625	6.104	32.724	2.435	5.662	28.516
5	2.467	5.736	38.461	2.467	5.736	38.461	2.431	5.654	34.170
6	2.356	5.480	43.941	2.356	5.480	43.941	2.375	5.523	39.693

7	2.293	5.333	49.273	2.293	5.333	49.273	2.330	5.419	45.112
8	2.147	4.993	54.266	2.147	4.993	54.266	2.139	4.975	50.088
9	1.993	4.634	58.900	1.993	4.634	58.900	2.106	4.898	54.986
10	1.781	4.141	63.041	1.781	4.141	63.041	2.070	4.814	59.800
11	1.591	3.701	66.742	1.591	3.701	66.742	1.587	3.690	63.490
12	1.455	3.385	70.127	1.455	3.385	70.127	1.538	3.576	67.066
13	1.291	3.002	73.129	1.291	3.002	73.129	1.532	3.562	70.628
14	1.260	2.930	76.059	1.260	2.930	76.059	1.450	3.373	74.001
15	1.176	2.736	78.795	1.176	2.736	78.795	1.436	3.340	77.341
16	1.113	2.589	81.384	1.113	2.589	81.384	1.411	3.281	80.622
17	1.072	2.494	83.878	1.072	2.494	83.878	1.229	2.859	83.481
18	1.025	2.384	86.261	1.025	2.384	86.261	1.150	2.674	86.155
19	1.001	2.327	88.589	1.001	2.327	88.589	1.046	2.434	*(8'88.589'*

Método de extração: Análise de componentes principais.

Quadro 2 - **Variância total explicada, inquérito 2**

As duas tabelas acima mostram o processo do teste e a quantidade de variância dos dados que foi contabilizada para cada um dos componentes extraídos. Como já foi referido, o processo termina quando toda a variância do ficheiro de dados inicial é contabilizada num determinado número de componentes. Existem alguns critérios que podem ser utilizados para decidir o número de componentes a selecionar (R.Bradshaw, FA handouts University of Nottingham, 2006). Neste trabalho, o critério utilizado foi o do valor próprio[16] . De acordo com este critério, o processo pára quando o valor próprio é igual a um.

Para a análise 1st (utilização apenas da informação geodemográfica), foram extraídos **19** componentes que explicam **90,26%** da variância total do ficheiro de dados 1st . Para o segundo inquérito, **88,589%** da variância total é explicada por **19** componentes. Em ambos os inquéritos, pode presumir-se que os componentes extraídos pelo modelo explicam adequadamente todas as variáveis (41 variáveis utilizadas para o primeiro inquérito e 43 variáveis utilizadas para o segundo inquérito) sem grande perda de informação.

B) Inquéritos

Nesta secção, foi feita uma tentativa de fornecer uma imagem do perfil dos respondentes dos dois inquéritos. Como já foi referido, os dados extraídos baseavam-se em informações geodemográficas e não geodemográficas. Para fins de mapeamento, os respondentes dos inquéritos precisavam de ser agregados em áreas de código postal[10] , porque, em ambos os ficheiros de dados dos inquéritos, o campo que contém a informação do código postal da unidade nem sempre foi completamente preenchido, de modo que, em muitos registos, apenas foram registadas as primeiras duas, três, quatro ou cinco letras. Por conseguinte, os registos tinham de ser classificados na mesma base, que, neste caso, era a área do código postal (as duas primeiras letras do código postal).

Os mapas que se seguem ilustram a frequência dos respodentes em cada área.

Comunalidades Inquérito 1

[16] valor próprio/vetor próprio - para mais informações, consultar o tutorial de Lindsay I. Smith, disponível no sítio Web: http://www.ucl.ac.uk/oncology/MicroCore/HTML_resource/PCA_1.htm

variáveis		Inicial	Extração
1	Q81 Sexo de todos os inquiridos	1.000	0.968
2	homens todos os inquiridos	1.000	0.959
3	mulheres todos os inquiridos	1.000	0.957
4	16-24 todos os inquiridos	1.000	0.958
5	25-34 todos os inquiridos	1.000	0.984
6	35-44 todos os inquiridos	1.000	0.984
7	45-54 todos os inquiridos	1.000	0.985
8	55-64 todos os inquiridos	1.000	0.991
9	65-74 todos os inquiridos	1.000	0.989
10	75+ todos os inquiridos	1.000	0.998
11	masculino	1.000	0.973
12	feminino	1.000	0.972
13	16-24	1.000	0.971
14	25-34	1.000	0.988
15	35-44	1.000	0.987
16	45-54	1.000	0.988
17	55-64	1.000	0.992

variáveis		Inicial	Extração
18	65-74	1.000	0.990
19	75+	1.000	0.998
20	não há trabalhadores no domicílio	1.000	0.979
21	trabalhadores domésticos assalariados	1.000	0.767
22	trabalhadores domésticos independentes	1.000	0.896
23	1 ou mais trabalhadores domésticos empregados	1.000	0.762
24	1 ou mais trabalhadores domésticos por conta própria	1.000	0.999
25	trabalhadores domésticos mistos	1.000	0.999
26	DK/NS	1.000	0.597
27	Cobertura por cabo	1.000	0.531
28	Cobertura DSL	1.000	0.498
29	urbano	1.000	0.977
30	rural	1.000	0.976
31	único	1.000	0.861
32	casal	1.000	0.921
33	adultos	1.000	0.814
34	sem filhos	1.000	0.901

variáveis		Inicial	Extração
35	Crianças 1 ou 2	1.000	0.957
36	mais de 3 crianças	1.000	0.839
37	classe social A	1.000	0.693
38	classe social B	1.000	0.851
39	classe social classe social C	1.000	0.988
40	classe social D	1.000	0.948
41	classe social E	1.000	0.620

Inquérito às comunalidades 2

variáveis		Inicial	Extração
1	Q81 Sexo de todos os inquiridos	1.000	0.969
2	homens todos os inquiridos	1.000	0.963
3	mulheres todos os inquiridos	1.000	0.965
4	16-24 todos os inquiridos	1.000	0.953
5	25-34 todos os inquiridos	1.000	0.974
6	35-44 todos os inquiridos	1.000	0.988
7	45-54 todos os inquiridos	1.000	0.983
8	55-64 todos os inquiridos	1.000	0.970
9	65-74 todos os inquiridos	1.000	0.974

variáveis		Inicial	Extração
10	75+ todos os inquiridos	1.000	0.993
11	masculino	1.000	0.985
12	feminino	1.000	0.985
13	16-24	1.000	0.973
14	25-34	1.000	0.983
15	35-44	1.000	0.991
16	45-54	1.000	0.989
17	55-64	1.000	0.974
18	65-74	1.000	0.976
19	75+	1.000	0.993
20	Cobertura por cabo	1.000	0.704
21	Cobertura DSL	1.000	0.741
22	único	1.000	0.913
23	casal	1.000	0.845
24	adultos	1.000	0.871
25	sem filhos	1.000	0.664
26	Crianças 1 ou 2	1.000	0.853
27	mais de 3 crianças	1.000	0.935
28	Até 182£/w	1.000	0.538
29	182-336£/w	1.000	0.714

variáveis		Inicial	Extração
30	336- 961£/w	1.000	0.726
31	mais de 961£/w	1.000	0.532
32	a casa é comprada	1.000	0.852
33	alugado	1.000	0.848
34	separada	1.000	0.888
35	em terraços	1.000	0.973
36	Apartamento em bloco	1.000	0.790
37	Classe social A	1.000	0.937
38	Classe social B	1.000	0.836
39	Classe social C	1.000	0.944
40	Classe social D	1.000	0.868
41	Classe social E	1.000	0.580
42	urbano	1.000	0.979
43	rural	1.000	0.979

O passo seguinte, após a extração dos componentes e a garantia de que estes explicam adequadamente a variância total dos ficheiros de dados, foi a interpretação do que realmente representam. Esta etapa é crucial, uma vez que nem sempre é possível distinguir o significado de cada componente.

De forma concisa, este passo baseia-se na *Matriz de Componentes,* que mostra a correlação entre os componentes e as variáveis (George H. Dunteman, PCA 1989). Um valor absoluto elevado (superior a 0,6) entre uma variável e um componente indica uma associação mais forte do componente com a variável em causa, o que significa que o componente pode ser considerado como um fator que explica principalmente o que a variável descreve (Dr. R. Bradshaw, FA handouts University of Nottingham, 2006).

É frequente os componentes serem difíceis de interpretar quando a matriz de componentes não apresenta valores elevados entre as variáveis e os componentes. Por isso, sugere-se a utilização *da Matriz de Componentes Rotacionada* (George H. Dunteman, PCA 1989, cap.6). Esta matriz, após uma rotação adequada, fornece correlações alteradas entre variáveis e componentes. O método utilizado neste trabalho foi o *método Varimax.* Trata-se de um método de rotação ortogonal que minimiza o número de variáveis que têm uma correlação elevada em cada componente. Assim, simplifica a interpretação dos componentes. Os componentes finais são nomeadamente apresentados nas tabelas abaixo.

COMPONENTE	**PESQUISA 1** DESCRIÇÃO
1	**FEMININO**
2	**16-24**
3	**25-34**
4	**45-54**
5	**55-64**
6	**65-74**
7	**TRABALHADORES EM CASA**
8	75+
9	**RURAL**
10	**NÃO Crianças**
11	**ÚNICO**
12	**B**
13	**EMPREGADO POR CONTA PRÓPRIA**
14	**ADULTOS**
15	**COBERTURA BB**

COMPONENTE	**PESQUISA 2** DESCRIÇÃO
1	**FEMININO**
2	**25-34**
3	**55-64**
4	**35-44**
5	**APARTAMENTO ARRENDADO EM BLOCO**
6	**45-54**
7	**65-74**
8	**CASAL**
9	75+
10	**urbano**
11	**em terraços**
12	**classe social B**
13	**classe social C**
14	**cobertura**

16	TRABALHADOR DOMÉSTICO ASSALARIADO		
		15	chamuscado
17	D	16	até 182£/w, classe social E
18	MAIS DE 3 filhos	17	182-336£/w
19	MUITOS TRABALHADORES DO SECTOR DA SAÚDE DESEMPREGADOS	18	mais de 3 crianças
		19	classe social A

Quadro 5 - **Descrição dos componentes**

Quadro 3 - **Comunalidades, inquérito 1**

Método de extração: Análise de componentes principais.

Quadro 4 - **Comunalidades, inquérito 2**

Método de extração: Análise de componentes principais.

As matrizes de componentes e de componentes rodadas são apresentadas no Apêndice, com a *matriz de correlação* que mostra a correlação entre as variáveis.

% 2nd analysis - use of ***Geodemographic and non Geodemographic Information***

Na segunda análise, foi aplicado o mesmo processo, mas os dados de entrada não se limitaram apenas à informação geodemográfica. A análise 2nd é considerada mais abrangente, uma vez que contém todas as perguntas (tantas quanto possível) do questionário dos dois inquéritos. Os passos efectuados são os mesmos que os da análise 1st , pelo que os resultados são apresentados abaixo de forma mais concisa.

Variância total explicada - PESQUISA1

Componente	Valores próprios iniciais			Extração Somas de cargas quadradas			Somas de cargas quadráticas de rotação		
	Total	%de desvio	% acumulada	Total	%de desvio	Acumulado %	Total	%de desvio	Acumulado %
1	6.204	5.258	5.258	6.204	5.258	5.258	3.974	3.367	3.367
2	5.777	4.896	10.154	5.777	4.896	10.154	3.708	3.143	6.510
3	4.103	3.477	13.631	4.103	3.477	13.631	2.859	2.423	8.933

4	3.257	2.760	16.390	3.257	2.760	16.390	2.747	2.328	11.261
47	1.027	0.870	75.236	1.027	0.870	75.236	1.246	1.056	75.010
48	1.021	0.865	76.101	1.021	0.865	76.101	1.151	0.975	75.985
49	1.001	0.849	76.950	1.001	0.849	**76.950**	1.138	0.965	**76.950**

Método de extração: Análise de componentes principais.

Quadro 6 - **Variância total explicada, inquérito 1**

Variância total explicada - PESQUISA 2

Componente	Valores próprios iniciais			Extração Somas de cargas quadradas			Somas de cargas quadráticas de rotação		
	Total	%de desvio	% acumulada	Total	%de Desvio	Acumulado %	Total	%de Desvio	Acumulado %
1	8.874	6.987	6.987	8.874	6.987	6.987	5.139	4.047	4.047
2	5.754	4.530	11.518	5.754	4.530	11.518	5.002	3.938	7.985
3	4.945	3.894	15.411	4.945	3.894	15.411	3.645	2.870	10.855
45	1.036	0.816	71.450	1.036	0.816	71.450	1.216	0.958	71.050
46	1.030	0.811	72.261	1.030	0.811	72.261	1.199	0.944	71.995
47	1.026	0.808	73.069	1.026	0.808	73.069	1.195	0.941	72.936
48	1.004	0.791	73.860	1.004	0.791	**73.860**	1.174	0.924	**73.860**

Método de extração: Análise de componentes principais.

Quadro 7 - **Variância total explicada, inquérito 2**

Considerando as tabelas acima, o número de componentes extraídos é muito maior do que o da análise 1st , uma vez que o número de variáveis utilizadas (perguntas) pelo processo foi muito maior. *As matrizes* completas *da variância total explicada* são apresentadas no Apêndice.

Para o inquérito 1, foram utilizadas 118 variáveis e, para o inquérito 2, 127 variáveis. Os dois gráficos abaixo ilustram o valor próprio durante o processo. O processo pára quando o valor próprio é igual a 1. As matrizes de comunalidades dos dois inquéritos com a descrição das variáveis são apresentadas no apêndice. Até agora foram extraídas 49 componentes, a extração é interrompida. Valor próprio=1

Scree Plot

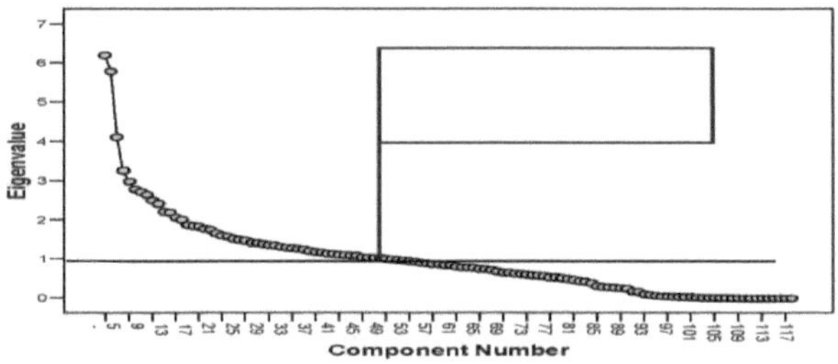

Analysis weighted by wt

Se forem extraídos 48 componentes até ao momento, a extração é interrompida. Valor próprio= 1

Scree Plot

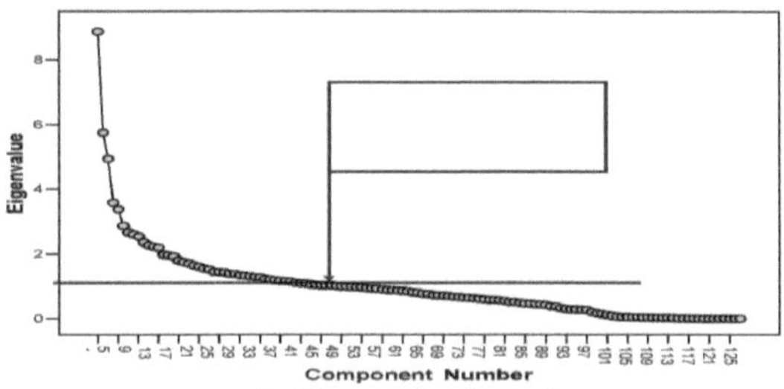

Análise ponderada por Peso

Do mesmo modo, o passo seguinte foi a interpretação dos componentes extraídos. As componentes e as matrizes de componentes rodadas que foram utilizadas para interpretar as componentes extraídas encontram-se no Apêndice. Nomeadamente, são apresentados de seguida.

PESQUISA 1			
COMPONENTE	DESCRIÇÃO	COMPONENTE	DESCRIÇÃO
1	**masculino**	25	**jogadores em linha**
2	**ler jornais/informações de viagem**	26	**legal in' o**
3	*desconhecido*	27	**rádio para ouvintes**
4	**correio eletrónico**	28	**bancário**

5	Descarregar e ver vídeos	29	classe social B
6	25-34 anos	30	jogo
7	45-54 anos	31	TV over bb utilizada por crianças
8	descarregar música	32	informação sobre dietas
9	55-64 anos	33	serviço por cabo
10	comunicação de chamadas por câmara Web	34	*desconhecido*
11	*desconhecido*	35	piadas de banda desenhada
12	urbano	36	céu de satélite
13	idade 65-74	37	classe social C
14	1 ou 2 crianças	38	utilizadores 17 24
15	trabalhadores domésticos mistos	39	mulher 25 34
16	computador portátil e/ou de secretária	40	jogos animação blogues
17	tagarelas	41	mais de 3 crianças
18	compras em linha	42	até 2Mbps

19	passou 6-40horas/semana	43	idade45 54 2
20	Mult, computadores de secretária	44	idade35 44
21	trocadores	45	televisão digital
22	não satisfeito	46	*desconhecido*
23	trabalhadores domésticos independentes	47	classe social E
24	informações aleatórias	48	mais de 2Mbps
		49	*desconhecido*

Quadro 8 - **Descrição dos componentes**

SUTVEY 2			
COMPONENTE	**DESCRIÇÃO**	**COMPONENTE**	**DESCRIÇÃO**
1	**surfistas à procura de informações para passatempos**	**25**	**trocadores**
2	**feminino**	**26**	**jogadores em linha**
3	**comunicação por correio eletrónico**	**27**	**mutl. Computadores de secretária**
4	***desconhecido***	**28**	**informações sobre receitas**
5	**descarregar i watch videos**	**29**	**mulheres até 16 anos**

6	a casa está iluminada	30	ouvintes da rádio
7	25-34	31	informação jurídica
8	*desconhecido*	32	disponibilidade do bb
9	35-44	33	céu de satélite
10	16-24	34	*desconhecido*
11	*desconhecido*	35	televisão digital
12	descarregar música	36	336-991f/w
13	comunicação via webcam/wehcalls	37	utilizadores 35-44
14	75+	38	banda desenhada e anedotas
15	casal com 1 ou 2 filhos	39	TV sobre bb
16	urbano	40	utilizadores 25-34
17	compras em linha	41	serviço por cabo
18	computador portátil e ou de secretária	42	mais de 3 filhos
19	bancário	43	utilizadores 45-54

20	tagarelas	44	velocidade até 512Kbps
21	passou 6-4 horas.'w	45	*desconhecido*
22	jogo	46	céu de satélite
23	classe social B	47	*desconhecido*
24	a casa é um destacador!	48	televisão digital

Infelizmente, alguns dos componentes, como os números 3, 34, 46 e 49 do primeiro inquérito e os números 4, 34 e 45, ficaram por explicar devido à falta de uma forte associação com qualquer uma das variáveis.

No entanto, o objetivo da aplicação da análise das componentes principais para reduzir adequadamente as variáveis de entrada a um número limitado de componentes e depois nomeá-las foi parcialmente alcançado. Na etapa seguinte da análise, estes componentes tornar-se-ão variáveis de entrada num modelo de regressão logística binária para determinar e calcular a sua importância para uma variável dependente, nomeadamente, se o inquirido tem ou não banda larga em casa.

2.2.2 *Análise de regressão logística binária, inquérito 1 e 2*

A segunda parte da abordagem estatística utiliza o método *de Análise de Regressão Logística Binária* para modelar a probabilidade de um agregado familiar ter banda larga, utilizando um conjunto de factores (componentes) pré-definidos nas etapas anteriores.

A modelação, através de um modelo de regressão, é uma técnica muito popular aplicada a muitas disciplinas diferentes. A modelação por regressão é utilizada em investigações sociológicas (Mark Becker, 2000), em aplicações médicas (David E. Matthews, 2001) e em ciências comportamentais (Jacob Cohen, Stephen G. West, Leona Aifen e Patricia Cohen) para modelar um acontecimento (estranho), como uma determinada doença numa área específica, e depois utilizar o modelo para prever a probabilidade de as probabilidades se verificarem noutra área. Existem também aplicações no marketing e na banca (Bruce Ratner, 2003), por exemplo, quando um agente de crédito pretende identificar se um potencial cliente tem probabilidades de incumprimento.

O presente documento optou por utilizar uma análise de regressão logística em vez de uma análise linear. Uma regressão linear permite que a variável dependente assuma valores superiores a 1 ou inferiores a 0 (David E. Matthew, 2002, cap. 11). Uma vez que o objetivo do presente documento era identificar factores de previsão da probabilidade de ter ou não ter banda larga, um modelo de regressão logística era mais adequado. Também é possível utilizar a regressão logística quando os resultados possíveis são mais do que dois. Neste caso, deve ser utilizada *uma análise de regressão multinomial* que classifica a variável dependente em mais de duas categorias (Nicola Brace, Richard Kemp, Rosemary Snelga, 2003 cap.10). No entanto, quando os resultados possíveis são apenas dois (0, 1), como neste caso, deve ser aplicada uma análise logística binária. De forma concisa, o modelo pode ser descrito pela seguinte equação:

$$Z_i = b_0 + b_1 x_{i1} + b_2 x_{i2} \mathrm{K} + b_p x_{ip} + \varepsilon$$

Onde, Z é a variável dependente

bo o valor constante, b_i o coeficiente de regressão para as variáveis independentes x

a variável independente e a o termo de erro (residual)

A metodologia utilizada neste trabalho baseia-se fortemente na teoria da análise de regressão adquirida em "SPSS for Psychologists: A Guide to Data Analysis Using SPSS, 2003, de Nicola Brace, Richard Kemp, Rosemary Snelgar", que também descreve uma análise que explica como um modelo de regressão logística pode ser aplicado para calcular a probabilidade de um recluso voltar a ser condenado após a libertação. A teoria assistida e as aplicações práticas também foram obtidas em "Binary Logistic Regression with SPSS", 2006, pelo Dr. Karl L. Wuensch[17] e nas "Applied regression Analysis handouts" 2006, pelo Dr. R.Bradshaw University of Nottingham.

Não é objetivo do presente documento elaborar os passos e tentar explicar em profundidade os cálculos estatísticos e matemáticos que intervêm durante o processo. No entanto, tenta fornecer o conceito principal subjacente a este método, descrevendo os passos intermédios e o que representam. Além disso, centra-se no resultado da análise e no seu significado.

Procedimento

Tal como na primeira parte da análise estatística (redução de dados utilizando a ACP), foi efectuada uma análise de regressão logística binária para ambos os ficheiros de dados (apenas informação geodemográfica e toda a informação) e também para ambos os inquéritos. O processo que foi seguido para ambos os inquéritos é idêntico. Por conseguinte, apenas os resultados do segundo inquérito são apresentados no conteúdo abaixo. Os quadros que fornecem informações adicionais sobre os testes, como a qualidade e a exatidão dos resultados, estão disponíveis no apêndice, bem como o resultado do primeiro inquérito.

1st analysis - use of ***Geodemographic Information only*, *survey 2***

Os componentes extraídos da análise geodemográfica do inquérito 2nd são agora introduzidos no modelo como variáveis independentes, uma vez que o processo de redução de dados previamente efectuado garante a sua não linearidade (J Edward Jackson 2003 cap. 1.5). A variável dependente que foi escolhida para ser utilizada pelo modelo é o facto de o potencial inquirido ter ou não ter banda larga em casa. Após um *método* iterativo *de máxima verosimilhança*[18] , os coeficientes são calculados, acompanhados de vários outros quadros e figuras que descrevem a qualidade dos resultados.

a. Se o coeficiente de correção estiver em vigor, ver o quadro de classificação para o número total de casos.

Casos não ponderados(a)	N	Percentagem
Incluído na análise	1,431	71.2
Casos selecionados Casos em falta	0	0.0
Total	1,431	71.2
Casos não selecionados	580	28.8
Total	2,011	100.0

Quadro 9 - **Resumo do tratamento dos processos**, inquérito 2

Esta tabela indica que houve uma seleção aleatória de 71,2% dos inquiridos apenas para construir o modelo, enquanto os restantes 28,8% dos utilizadores (casos não selecionados) foram utilizados para validar o modelo.

Resumo do processamento do caso

17 "Binary Logistic Regression with SPSS", 2006 pelo Dr. Karl L. Wuensch está disponível no sítio Web: core.ecu.edu/psyc/wuenschk/MV/Multreg/Logistic-SPSS.doc

18 O MLE mostra a probabilidade de os valores observados da variável dependente poderem ser previstos a partir dos valores correspondentes da variável independente. Para mais informações, consultar : Nicola Brace, Richard Kemp, Rosemary Snelgar2003 *SPSS forPsychologists: A Guide to Data Analysis Using Spss for Windows* . capítulo 10

Variável dependente Codificação

Original Valor	Valor interno
0	0
Tem banda larga	1

O valor "0" é atribuído ao facto de não ter banda larga e o valor "1" ao facto de ter banda larga

Tabela de classificação(d,e) Bloco inicial 0

Quadro 10 - **Variável dependente Codificação**, inquérito 2

Observado			Pré-dieta					
			Casos selecionados(a)			Casos não selecionados(b,e)		
			Banda larga		Pereentage Correet	Banda larga		Pereentage Correet
			0	Tem banda larga		0	Tem banda larga	
Pass o	Banda larga	0	913	0	100.0	388	0	100.0
0		Tem banda larga	511	0	0.0	199	0	0.0
	Em geral Pere	entragem			**64.1**			**66.2**

a. Casos selecionados validam a QE 1
b. Casos não selecionados validam NE 1
c. Alguns dos casos não selecionados não são classificados devido a valores em falta nas variáveis independentes ou a variáveis categóricas com valores fora do intervalo dos casos selecionados.
d. A constante está incluída no modelo.
e. O valor de corte é 0,500

Table 11 - **Quadro de classificação antes do modelo de regressão**, inquérito 2

A Tabela 11 é a *tabela de classificação* antes da análise de regressão. Apresenta os resultados da tentativa básica de prever o resultado do mais comum, que neste caso é "*não ter banda larga*". Dos casos selecionados, 913 não têm banda larga e 511 têm. Dos casos não selecionados, 388 não têm banda larga e 199 têm banda larga. Globalmente, 64,1% dos casos selecionados estão corretamente classificados e 66,2% dos casos não selecionados estão corretamente classificados. No entanto, espera-se que, após o modelo de regressão, estes resultados melhorem.

Nesta fase, o processo utiliza o método de regressão logística binária, utilizando a técnica stepwise para efetuar a iteração. A técnica stepwise é adequada quando há muitos factores diferentes a participar no processo iterativo e se espera que apenas os factores úteis sejam incluídos no modelo (Scott W. Menard 2002, cap. 3.7).

Quadro de classificação(d)

	Observado		Previsto					
			Casos selecionados(a)			Casos não selecionados(b.c)		
			Banda larga		Percentagem de acerto	Banda larga		Percentagem de acerto
			0	Tem banda larga		0	Tem banda larga	
Passo 1	Banda larga	0	868	45	95.1	374	14	96.4
		Tem banda larga	440	71	13.9	175	24	12.2
	Percentagem global				66.0			67.9
Passo 2	Banda larga	0	857	55	93.9	369	19	95.0
		Tem banda larga	412	99	19.3	165	33	16.8
	Percentagem global				67.2			68.6
Passo 16	Banda larga	0	786	127	86.1	333	55	85.8
		Tem banda larga	294	217	42.5	122	76	38.4
	Percentagem global				**70.5**			**69.8**

a. Casos selecionados validam a EQ 1

b. Casos não selecionados validam NE 1

c. Alguns dos casos não selecionados não são classificados devido a valores em falta nas variáveis independentes ou a variáveis categóricas com valores fora do intervalo dos casos selecionados.

d. O valor de corte é de 0,500

Table 12 - **Quadro de classificação**, inquérito 2

A tabela de classificação é a representação dos resultados práticos da utilização do modelo de regressão. De acordo com esta, 70,5% dos casos selecionados que foram utilizados para construir o modelo são classificados corretamente. Dos casos não selecionados, 69,8% são classificados corretamente. No final, o modelo está correto cerca de sete vezes. Quanto maior o valor dos casos não selecionados, maior a utilidade do modelo.

Variáveis na equação

		B	S.E.	Wald	df	Sig.	Exp(B)
Etapa 1(a)	classe social B	0.292	0.053	30.005	1	0.000	1.339
	Constante	-0.592	0.056	112.006	1	0.000	0.553
Etapa 2(b)	classe social B	0.296	0.054	30.399	1	0.000	1.344
	182-336£/w	-0.307	0.056	30.393	1	0.000	0.735
	Constante	-0.602	0.057	112.620	1	0.000	0.548
Etapa 16(p)	FEMININO	-0.223	0.061	13.307	1	0.000	0.800
	IDADE 55-64	-0.193	0.062	9.584	1	0.002	0.825
	IDADE 35-44	**0.174**	0.060	8.502	1	0.004	1.191
	ARRENDAR APARTAMENTO em BLOCO	-0.286	0.063	20.392	1	0.000	0.751
	IDADE 45-54	-0.124	0.058	4.520	1	0.033	0.884
	IDADE 65-74	-0.380	0.076	24.811	1	0.000	0.684
	CASAL	**0.239**	0.059	16.191	1	0.000	1.271
	IDADE 75+	-0.576	0.233	6.085	1	0.014	0.562

classe social B	**0.290**	0.056	26.314	1	0.000	1.336
classe social C	**0.175**	0.063	7.833	1	0.005	1.191
bb COBERTURA	**0.272**	0.072	14.356	1	0.000	1.312
ÚNICO	-0.314	0.065	23.708	1	0.000	0.730
UPTO182	-0.250	0.071	12.477	1	0.000	0.779
182-336£/w	-0.323	0.058	30.848	1	0.000	0.724
mais de 3 Crianças	**0.145**	0.060	5.735	1	0.017	1.155
classe social A	**0.146**	0.064	5.259	1	0.022	1.157
Constante	-0.745	0.072	108.549	1	0.000	0.475

Quadro 13 - **Variáveis da equação - Coeficientes de regressão logística**, inquérito 2

Esta tabela resume o efeito de cada fator de previsão. Um coeficiente negativo (B) indica uma diminuição da probabilidade prevista da variável dependente e um coeficiente positivo aumenta a probabilidade prevista da variável dependente. Além disso, quanto mais elevado for o valor absoluto do coeficiente, mais forte é a associação do fator de previsão à variável dependente. Numa primeira análise, os casais que pertencem à classe social B têm uma elevada probabilidade de serem utilizadores de banda larga em casa. No entanto, para uma discussão mais aprofundada, é necessário ter também em conta outros factores, como a variância dessa componente específica que é explicada pelo modelo.

2~ análise - utilização de ***informação geodemográfica e não geodemográfica***

Mais uma vez, o mesmo processo foi aplicado utilizando, desta vez, muito mais factores, incluindo também informações não geodemográficas. Assim, os 48 componentes extraídos da análise de redução de dados (PCA) foram inseridos no modelo de regressão. Como mencionado anteriormente, espera-se que a segunda análise seja mais abrangente, uma vez que fornece ao modelo informações significativas e únicas que podem ser práticas para o processo.

Os resultados da análise são apresentados em seguida:

Resumo do processamento do caso

Casos não ponderados(a)	N	Percentagem
SeleccionadoIncluído em		
CasosAnálise	1,587	78.9

Casos não ponderados(a)		N	Percentagem
	Casos desaparecidos	0	0.0
	Total	1,587	78.9
Casos não selecionados		424	21.1
Total		2,011	100.0

a. Se o coeficiente de correção estiver em vigor, ver o quadro de classificação para o número total de casos.

Quadro 14 - **Resumo do tratamento dos processos**, inquérito 2

Variável dependente
Codificação

Valor original	Valor interno
0	0
Tem	
banda larga	

Quadro 15 - **Variável dependente Codificação**, inquérito 2

Quadro de classificação(d,e)

	Observado		Previsto					
			Casos selecionados(a)			Casos não selecionados(b,c)		
			Banda larga		Percentagem de acerto	Banda larga		Percentagem de acerto
			0	Tem banda larga		0	Tem banda larga	
Passo	Banda larga	0	1,020	0	100.0	281	0	100.0
0		Tem banda larga	557	0	0.0	153	0	0.0

	Percentagem global			**64.7**			**64.8**

a. Casos selecionados validam a EQ 1
b. Casos não selecionados validam NE 1
c. Alguns dos casos não selecionados não são classificados devido a valores em falta nas variáveis independentes ou a variáveis categóricas com valores fora do intervalo dos casos selecionados.
d. A constante está incluída no modelo.
e. O valor de corte é de 0,500

Table 16 - **Quadro de classificação antes do modelo de regressão**, inquérito 2

Os resultados, antes da aplicação do modelo de regressão, parecem ser bastante limitados em termos da percentagem da variância que é explicada pelo modelo. No entanto, é de esperar que sejam gerados melhores resultados após a aplicação do modelo de regressão.

Quadro de classificação(d)

Observado			Previsto					
			Casos selecionados(a)			Casos não selecionados(b,c)		
			Banda larga		Percentagem de acerto	Banda larga		Percentagem de acerto
			0	Tem banda larga		0	Tem banda larga	
Passo 1	Banda larga	0	834	186	81.7	242	39	86.1
		Tem banda larga	293	264	47.4	80	73	47.7
	Percentagem global				69.6			72.6
Passo 2	Banda larga	0	865	155	84.8	255	26	90.7
		Tem banda larga	320	237	42.6	86	67	43.8
	Percentagem global				69.9			74.2
Passo 28	Banda larga	0	870	150	85.3	248	33	88.3
		Tem banda larga	150	407	73.0	39	114	74.7

	Percentagem global				81.0			83.5
Passo 29	Banda larga	0	875	145	85.8	249	32	88.6
		Tem banda larga	148	409	73.4	37	115	75.6
	Percentagem global				**81.4**			**84.0**

a. Casos selecionados validam a EQ 1

b. Casos não selecionados validam NE 1

c. Alguns dos casos não selecionados não são classificados devido a valores em falta nas variáveis independentes ou a variáveis categóricas com valores fora do intervalo dos casos selecionados.

d. O valor de corte é de 0,500

Table 17 - **Quadro de classificação**, inquérito 2

Numa primeira análise do quadro de classificação acima, pode presumir-se que a inclusão de informações não geodemográficas reforçou o modelo, melhorando a percentagem global de população corretamente classificada.

Variáveis na equação

		B	S.E.	Wald	df	Sig.	Exp(B)
Etapa 1(a)	comunicação por correio eletrónico	0.735	0.056	169.469	1	0.000	2.086
	Constante	-0.672	0.057	140.359	1	0.000	0.511
Etapa 2(b)	comunicação por correio eletrónico	0.762	0.058	172.399	1	0.000	2.142
	compras em linha	0.495	0.056	77.539	1	0.000	1.641
	Constante	-0.690	0.058	139.841	1	0.000	0.501
Etapa 29(cc)	**surfistas à procura de informações para os seus passatempos**	**0.694**	0.067	106.517	1	0.000	2.001
	feminino	-0.183	0.074	6.159	1	0.013	0.833
	comunicação por correio eletrónico	**1.181**	0.084	196.999	1	0.000	3.259

desconhecido	0.192	0.055	12.299	1	0.000	1.212
descarregar e ver vídeos	**0.498**	0.082	36.711	1	0.000	1.646
a casa é comprada	0.300	0.074	16.362	1	0.000	1.350
35-44	0.184	0.069	7.108	1	0.008	1.203
desconhecido	0.404	0.102	15.846	1	0.000	1.498
descarregar música	**0.627**	0.067	88.355	1	0.000	1.872
comunicação através de câmara Web e chamadas Web	**0.519**	0.079	42.963	1	0.000	1.680
75+	-0.924	0.444	4.330	1	0.037	0.397
compras em linha	**0.729**	0.067	118.557	1	0.000	2.073
computador portátil e/ou de secretária	**0.613**	0.068	80.259	1	0.000	1.847
bancário	**0.353**	0.062	32.440	1	0.000	1.424
tagarelas	**0.379**	0.061	38.610	1	0.000	1.461
passava 6-40horas/w	0.183	0.059	9.502	1	0.002	1.201
jogo	0.216	0.069	9.918	1	0.002	1.241
trocadores	0.280	0.063	19.485	1	0.000	1.323

jogadores em linha	0.265	0.059	19.945	1	0.000	1.303
mult, computadores portáteis	0.140	0.065	4.652	1	0.031	1.150
RECEITASJNFO	0.133	0.058	5.298	1	0.021	1.142
ouvintes da rádio	**0.330**	0.058	31.968	1	0.000	1.392
disponibilidade do bb	**0.336**	0.085	15.539	1	0.000	1.400
céu de satélite	0.287	0.069	17.090	1	0.000	1.332
336-991£/w	0.189	0.069	7.534	1	0.006	1.208
utilizadores 35-44	0.204	0.062	10.700	1	0.001	1.226
serviço por cabo	0.318	0.068	22.170	1	0.000	1.375
mais de 3 **crianças**	0.207	0.067	9.495	1	0.002	1.230
até 512Kbps	0.173	0.063	7.578	1	0.006	1.189
Constante	-1.213	0.117	107.019	1	0.000	0.297

Quadro 18 - **Variáveis da equação - Coeficientes de regressão logística, inquérito 2**

De acordo com os coeficientes de regressão, a comunicação por correio eletrónico é o fator de previsão mais forte da posse de banda larga, seguida das compras em linha, da existência de um computador portátil ou de um computador portátil e de um computador de secretária e do descarregamento de música. Estes factores parecem ser os preditores mais fortes da posse de banda larga. Por outro lado, a categoria etária 75+ tende a reduzir a probabilidade prevista de ter banda larga.

Capítulo 3

Este capítulo trata da qualidade dos resultados gerados na secção de tratamento de dados. Examina a exatidão, a fiabilidade e a utilidade dos resultados. Sugere também como os resultados podem ser melhorados para que se possam tirar conclusões mais exactas.

Por fim, pretende-se discutir se o desenvolvimento da banda larga pode beneficiar de um projeto SIG que aplique métodos cartográficos e estatísticos. Posteriormente, o artigo conclui sugerindo e apontando o conjunto de dados que seriam valiosos para um projeto SIG aplicável na área do desenvolvimento da banda larga e as limitações da presente análise.

Alguns outros projectos que combinam a utilização de um modelo de regressão com as aplicações do SIG baseiam-se nas ciências ambientais, como o *"GIS and logistic regression as tools for environmental management: a coastal cliff vegetation model in Northern Spain"* em 2002 por R. Alvarez-Arbesd & A.M. Felicisirno e nas ciências médicas como *"Using GIS in Conjunction with Logistic Regression Models - A Case Study: Mapping Low Weight Births in Colorado"* por Mark Egbert, BS, BA, Dr. Chun-Lo K. Meng, PhD, Dr. Carol J. Garrett, PhD, Dr. James A. McGregor, MD, CM

3.1 Discussão sobre a qualidade dos resultados

A abordagem estatística deste documento produziu uma série de resultados diferentes, utilizando informações geodemográficas e não geodemográficas e baseando-se igualmente nos dois inquéritos realizados. Para além da análise e de uma apreciação crítica dos resultados do modelo de regressão logística, são também sugeridas outras técnicas que não foram aplicadas.

Análise de componentes principais (PCA)

A seleção das variáveis a utilizar na Análise de Componentes Principais (ACP) é uma etapa crucial, uma vez que mesmo a ordem das variáveis selecionadas conduz a resultados e componentes diferentes. Por conseguinte, devem ser utilizadas muitas iterações diferentes desse processo para obter resultados satisfatórios. O número esperado de componentes deve ser limitado para tornar o ficheiro de dados mais compacto e simplificar a sua utilização posterior, mas também deve ser suficiente para reter a variância do ficheiro de dados.

Análise de componentes principais

	1st análise *Apenas informação geodemográfica*			2nd Análise *Todas as informações*		
	variáveis utilizadas	componentes extraídos	variância explicada	variáveis utilizadas	componentes extraídos	variância explicada
inquérito 1	**41**	**19**	**90.26%**	**118**	**49**	**76.95%**
inquérito 2	**43**	**19**	**88.59%**	**127**	**48**	**73.86%**

Tabela 19 - **Resumo dos resultados da *Análise de Componentes Principais*** *1st analysis*

A primeira análise examina o grau em que um conjunto de variáveis geodemográficas pode descrever um conjunto de dados sobre a banda larga. Tal como descrito anteriormente, ambos os inquéritos reduziram as suas variáveis sem grande perda de informação. Onze dos dezanove componentes são encontrados em ambas as análises e descrevem principalmente:

- categoria de idade
- género
- classe social
- número de filhos na família
- tipo de agregado familiar (solteiro, casal, etc.)
- se a zona é coberta por ambas as tecnologias de banda larga (DSL e cabo)

Neste ponto, deve acrescentar-se que o segundo inquérito inclui questões como a categoria de rendimento e o tipo de casa (isolada, com terraço, etc.) que não estão incluídas no primeiro. Algumas delas revelaram-se componentes significativas na segunda análise, como a componente 16, "*até 182£/w & classe social E*' e a componente 17 "*182-336£/w*" (página 40).

Nesta fase, não é possível tecer considerações sobre a importância dos componentes para a obtenção de banda larga. Finalmente, pode considerar-se que o número de componentes extraídos é aceitável. No entanto, deve ter-se em conta que o conjunto de dados utilizados nesta análise se limita apenas a variáveis geodemográficas e não inclui informações sobre ligações de banda larga.

2nd analyst s

A segunda análise é considerada mais abrangente, uma vez que também inclui perguntas que ajudarão a identificar diferenças, semelhanças e categorias entre a população do inquérito.

Embora a percentagem da variância explicada por todos os componentes na primeira análise seja maior, os componentes extraídos na segunda análise parecem ser menores em relação aos da primeira. Por outras palavras, tendo também em consideração o aumento do número de variáveis utilizadas, pode assumir-se que a nova informação que foi adicionada na segunda análise tornou o ficheiro de dados mais compacto.

Tal como se mostra no quadro 8 (p.44), quase todos os componentes de base geodemográfica da primeira análise apareceram também na presente análise. A existência desses componentes ainda não mostra a importância da variabilidade geodemográfica no conjunto de dados, mas significa a forte correlação da informação geodemográfica dentro da população do inquérito. Espera-se que a primeira consideração seja identificada utilizando um modelo de regressão logística.

Co mp onentes não exp lorados

Por último, é também necessário discutir as componentes que não foram nomeadas. A ausência de correlação forte entre eles e qualquer das variáveis utilizadas não implica a sua insignificância. Considerando a tabela 6 (p.41), o terceiro componente explica 3,477%, o terceiro maior da variância total. No entanto, não está fortemente correlacionado com nenhuma das variáveis. É possível, no entanto, efetuar outro tipo de rotação (R.Bradshaw, F.A. The interpretation of factors, handouts University ofNottingham, 2006) e revelar o seu significado.

Análise de regressão logística binária

Uma caraterística importante de um modelo de regressão é a sua utilidade; se um modelo estatístico não descrever e explicar adequadamente as caraterísticas de uma população de amostra[19] , é inútil (segundo o Dr. R. Bradshaw, Universidade de Nottingham). Em geral, os modelos simplificam um conjunto de informações e ajudam o leitor a concentrar-se apenas nos factores significativos para um determinado problema. A presente análise criou quatro modelos diferentes dos dois inquéritos.

Apenas informação geodemográfica

	exatidão da previsão	Preditores			
		descrição	coeficiente	descrição	coeficiente
inquérito 1	70.90%	trabalhadores domésticos independentes	0.178	único	0.340
		adultos que vivem no mesmo apartamento	0.100	sem filhos	0.142
				disponibilidade do bb	0.142
				65-74	0.125
				classe social D	0.116
inquérito 2	69.80%	classe social B	0.290	75+	0.576
		cobertura bb	0.272	65-74	0.380

[19] O termo população refere-se aqui ao número de casos que são incluídos num teste estatístico.

		casal	0.239	182-336£/w	0.323
		classe social C	0.175	único	0.314
		35-44	0.174	até 182£/w	0.250

Tabela 20 - **Resumo dos resultados da *Análise de Regressão Logística*, apenas informação geodemográfica.**

Todas as informações

	precisão de previsão	Preditores			
		descrição	coeficiente	descrição	coeficiente
inquérito 1	75.60%	remetentes de correio eletrónico	0.785	classe social E	0.156
		compras em linha	0.618		
		descarregar música	0.564		
inquérito 2	84%	remetentes de correio eletrónico	1.181	75+	0.924
		compras em linha	0.729	Feminino	0.183
		surfistas, informações sobre os seus passatempos	0.694		
		descarregar música	0.627		
		portátil & (Desktop)	0.613		
		Webcam / webcalls	0.519		

		descarregar / ver vídeos	0.498	

Tabela 21 - **Resumo dos resultados da *Análise de Regressão Logística*, todas as informações**.

Exatidão

De acordo com os quadros acima, a exatidão da previsão que pode ser encontrada nos quadros de classificação (ver p.49 e Apêndice para o inquérito 1) da análise é mais elevada quando se utiliza toda a informação no modelo.

Preditores fortes

O fator de previsão mais forte da existência de banda larga em ambos os inquéritos é o fator "*Emailers*" - pessoas que utilizam a Internet para comunicar por correio eletrónico. Além disso, *as compras em linha* e *os descarregamentos de música* são também factores de previsão altamente correlacionados em ambos os inquéritos. Pode concluir-se que, no segundo inquérito, são visíveis mais componentes que descrevem serviços de banda larga, como fazer chamadas Web e ver vídeos. Este facto pode ser o resultado de um nível mais elevado de adoção da banda larga no Reino Unido.

No entanto, é frequente que se verifiquem fenómenos peculiares, quando se utiliza um método estatístico para descrever um problema tendo em conta alguns outros factores relacionados com ele. A primeira consideração pode ser explicada pelo facto de a associação entre dois factores nem sempre implicar uma relação de causalidade. Esta poderia ser uma das causas da existência de alguns componentes *desconhecidos* (ver quadro 18, p53) com coeficiente positivo no modelo. No entanto, como já foi referido, o significado destas componentes pode ser revelado, se for aplicado outro método de análise ou de rotação.

Note-se também que existem vários outros componentes que participaram nos modelos extraídos, mas que, devido ao seu baixo valor de coeficiente, foram omitidos dos quadros de síntese.

Eventuais melhorias

Como já foi referido, existem diferentes formas de lidar com um problema como este, recorrendo a técnicas estatísticas alternativas.

Embora se considere que a análise fatorial reduz o número de variáveis num conjunto de dados e elimina possíveis informações redundantes (altamente correlacionadas), é bastante difícil que o modelo esteja totalmente isento de casos sem valor. Além disso, embora um modelo de regressão logística deva demonstrar associações significativas entre os preditores (variáveis independentes) e a variável dependente, é impossível, na maioria dos problemas, identificar preditores que expliquem todos os casos numa área de estudo.

Alguma da complexidade descrita acima pode ser enfrentada considerando algumas técnicas que estão disponíveis em alguns pacotes de software estatístico. O gráfico seguinte ilustra todos os casos que participaram no segundo inquérito utilizando toda a informação. O eixo x representa a probabilidade prevista para cada caso. O eixo Y representa a variação do desvio[20] , que, em palavras simples, é a escala que mede a proximidade do seu caso ao modelo.

Casos ponderados por Peso

[20] Deviance - o rácio de verosimilhança, a qualidade do ajuste do modelo, para mais informações consultar o sítio Web: http://www.statsdirect.com/help/regression_and_correlation/logi.htm

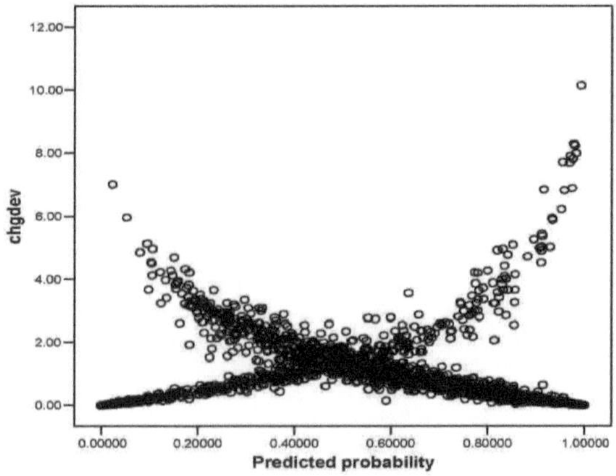

Figura 3.1- **A variação da desviância e a probabilidade prevista**

No gráfico acima, há dois padrões distintos, um que se estende do canto inferior esquerdo ao canto superior direito, e outro do canto superior esquerdo ao canto inferior direito. O primeiro representa os casos que não têm banda larga. Portanto, os casos que não têm banda larga e cuja probabilidade prevista pelo modelo é alta não são bem explicados pelo modelo. Na curva seguinte, os casos que são mal explicados pelo modelo são aqueles que têm banda larga e a probabilidade prevista é baixa. Além disso, o pacote de software oferece a possibilidade de identificar os casos mal identificados pelo modelo para uma investigação mais aprofundada ou para tentar extrair novos factores que possam melhorar o modelo.

Outra forma semelhante de identificar casos extremos é traçar a distância de Cook[21] . O gráfico abaixo mostra os casos do segundo inquérito utilizando todas as informações.

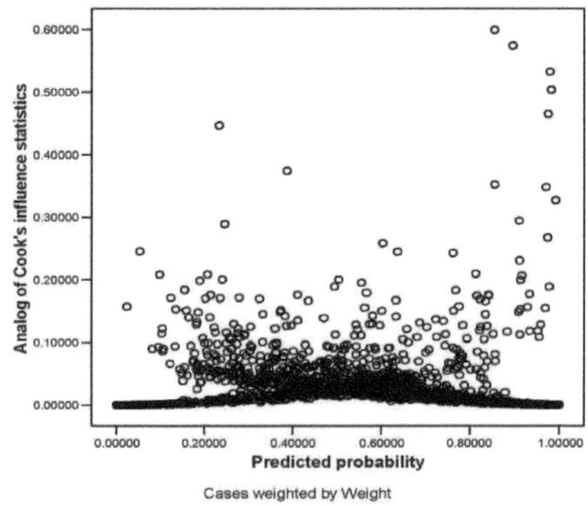

Figura **3.2 - A distância de Cook e a probabilidade prevista**

Alguns analistas acreditam que os casos que têm uma distância de Cook superior a 1 podem necessitar de mais observação, outros acreditam que isso depende da distribuição dos casos no gráfico.

Para além das técnicas acima descritas, há também uma série de métodos adicionais que podem ser utilizados para melhorar o desempenho e a utilidade do modelo. Por exemplo, um deles aplicou a mesma análise de regressão logística binária, mas com a exceção de selecionar apenas os inquiridos de Londres.

---

[21] Distância de Cook do caso i[th] - A diferença entre as respostas previstas do modelo quando o caso i é incluído no modelo e quando não é. Para mais informações, consultar o sítio Web: http://www2.chass.ncsu.edu/garson/pa765/logistic.htm

Ao utilizar este método, é possível identificar padrões, factores de previsão e causalidade apenas na população de Londres. De seguida, apresentam-se alguns resultados da aplicação deste método.

Variáveis na equação - Todas as informações - *Londres*

		B	S.E.	Wald	df	Sig.	Exp(B)
Etapa	até_2Mbps	0.529	0.185	8.219	1	0.004	1.698
1(a)	Constante	-1.452	0.156	86.312	1	0.000	0.234
Passo	Trabalhadores domésticos mistos	2.529	1.412	3.211	1	0.073	12.546
2(b)	até_2Mbps	0.490	0.189	6.716	1	0.010	1.633
	Constante	-1.314	0.178	54.207	1	0.000	0.269
Etapa 11 (j)	Ler jornais online, informações sobre viagens	0.311	0.125	6.171	1	0.013	1.365
	Correio eletrónico	**0.515**	0.178	8.405	1	0.004	1.674
	Descarregar ver vídeos	0.366	0.129	8.060	1	0.005	1.442
	Descarregar música	0.309	0.147	4.441	1	0.035	1.363
	Trabalhadores domésticos mistos	**2.497**	1.543	2.619	1	0.106	12.145
	Compras em linha	0.443	0.180	6.060	1	0.014	1.557
	Trocadores	0.337	0.152	4.932	1	0.026	1.400
	até_2Mbps	0.497	0.198	6.306	1	0.012	1.644
	Classe social E	-0.485	0.189	6.603	1	0.010	0.616

	Constante	-1.624	0.220	54.261	1	0.000	0.197

Quadro 22 - **Variáveis da equação - Coeficientes de regressão logística, inquérito 1** Todas as informações, seleção dos inquiridos de Londres

Tendo em conta os resultados das análises anteriores, há uma entrada digna de nota nas componentes que finalmente fazem parte do modelo de regressão. Trata-se do fator que explica principalmente os *trabalhadores domésticos mistos* (por conta própria - por conta de outrem). A existência desta componente com um coeficiente positivo tão elevado sugere que os trabalhadores no domicílio são um forte fator de previsão da existência de banda larga quando se consideram apenas os residentes em Londres.

Além disso, a mesma abordagem pode ser realizada através de outras selecções, como categorias de idade, classes sociais, população urbana ou rural. Cada uma delas permite a extração de informações diversas e úteis.

3.2 Apreciação crítica dos resultados - Conclusões

Após a apresentação e a discussão dos resultados, um modelo deve ser avaliado quanto à sua proximidade da realidade. Como já foi referido, um modelo pode ser considerado como uma abstração, uma representação da realidade e, para ser útil, deve representar a realidade em certa medida (segundo o Dr. R. Bradshaw, Universidade de Nottingham).

1st - 2nd análise (utilização apenas de informações geodemográficas - todas as informações)

Considerando os resultados e a discussão em torno deles, o resultado do segundo inquérito, ao utilizar toda a informação, parece ser globalmente mais satisfatório em termos de precisão de previsão e de factores explicativos (ver quadro 20-21, p.57). A fraqueza do modelo, em que apenas é utilizada a informação geodemográfica, pode ser explicada pela falta das variáveis que fornecem ao modelo a informação adicional de que necessita para classificar corretamente e com maior precisão a população do inquérito. Assim, pode concluir-se que se esperava que a qualidade dos resultados da primeira análise fosse inferior à da segunda análise. No entanto, fornecem informações sobre variáveis fortes e fracas entre os factores geodemográficos.

Como se pode ver no quadro 20-21 (p.57), os factores geodemográficos aparecem sobretudo com coeficiente negativo nos resultados. Isso poderia levar a considerá-los como factores de previsão mais fracos da existência de banda larga. [st]No entanto, como já foi referido, podem ser identificados fortes factores de previsão geodemográficos, se necessário, a partir da análise dos dois inquéritos.

Análises do inquérito 1 - inquérito 2

De acordo com os resultados da análise dos inquéritos 1 e 2, existem algumas semelhanças e diferenças entre eles que podem ser deduzidas. Em primeiro lugar, ambos os inquéritos parecem ter os mesmos preditores fortes, como o *correio eletrónico, as compras em linha* e *os downloads de música.* Este facto pode ser considerado como algumas das principais caraterísticas dos utilizadores de banda larga ou mesmo algumas caraterísticas dos utilizadores da Internet que muito provavelmente se tornarão novos assinantes de banda larga num futuro próximo.

Pelo contrário, existem algumas diferenças nos preditores extraídos, como *descarregar - ver vídeos* e *fazer chamadas Web*, que podem indicar a disseminação de novos serviços de banda larga no Reino Unido até junho de 2006, como também é descrito no início do segundo capítulo (capítulo 2.1.3).

Limitações da análise

Apesar das diferentes formas de abordar a questão da banda larga e das várias técnicas utilizadas para melhorar os resultados, existem limitações que impedem a obtenção de resultados mais exactos e abrangentes.

O registo deficiente da georreferenciação dos casos em ambos os inquéritos prejudicou o mapeamento e a ilustração da probabilidade prevista e de outras informações extraídas da análise. Além disso, a falta de registos completos do código postal da unidade em todos os casos nos inquéritos impediu a classificação dos inquiridos pelo **perfil E-society**[22] . Uma classificação que teria fornecido informações adicionais valiosas sobre o perfil dos inquiridos e teria simplificado a ilustração de possíveis desigualdades geográficas nos factores de previsão extraídos para a posse de banda larga.

Outro fator que se opõe a uma comparação mais aprofundada entre os inquéritos é o facto de nem todas as variáveis (perguntas) serem as mesmas em ambos os inquéritos. Variáveis críticas como a

---

[22] *O E-society profiler* é um projeto de classificação dos agregados familiares baseado nos níveis de conhecimento das diferentes TIC, nos níveis de utilização das TIC e nos seus impactos percebidos na formação do capital humano e na qualidade de vida. Contacto principal: Prof. Paul Longley (Departamento de Geografia, UCL). Para mais informações, consultar o sítio Web: http://www.spatial-literacy.org/index.php?p=esociety

classificação do rendimento e as categorias de tipo de casa (isolada, com terraço, etc.) só aparecem no segundo inquérito. De acordo com os resultados (ver quadro 8, p.44 e 18, p.53), algumas delas revelaram-se componentes e factores de previsão bastante significativos. Além disso, uma vez que os dois inquéritos não se dirigiam aos mesmos inquiridos, não podem ser fundidos para se chegar a conclusões combinadas. Assim, qualquer comparação entre estes dois inquéritos deve ser efectuada tendo em conta as questões acima referidas.

Um último problema que o presente trabalho teve de enfrentar foi a impossibilidade de utilizar o número total das variáveis iniciais (perguntas do questionário) devido a um erro não revelado no ficheiro de dados. No questionário existem outras variáveis que não foram utilizadas no modelo, relativas ao tempo gasto numa determinada atividade na Internet, ao dinheiro gasto numa determinada atividade na Internet e outras que poderiam diferenciar os resultados extraídos.

Projeto GIS e desenvolvimento de banda larga

A avaliação dos modelos extraídos teve como objetivo descrever a sua utilidade e a forma como podem ser úteis para o desenvolvimento da banda larga. A análise (capítulo 2) e a discussão (capítulo 3.1) apresentam métodos e técnicas que podem ser úteis para um projeto SIG aplicável na área da banda larga. Além disso, a parte do documento relativa às limitações aponta os factores críticos que podem afetar o resultado do projeto.

Em conclusão, descrevem-se a seguir alguns componentes valiosos de um projeto de SIG na área do desenvolvimento da banda larga, que este documento aborda.

Para além de dados exactos e actualizados, uma população bem distribuída geograficamente de um inquérito também é necessária. A classificação socioeconómica da população do inquérito deve também ser coerente com os números nacionais, para que seja possível atribuir os resultados da análise à população nacional.

% Antigos dados consistentes podem ser úteis para investigar padrões no tempo. Quanto maior for o intervalo de tempo entre as análises, mais distinguíveis serão os padrões.

Uma georreferência correta e precisa de todos os casos é essencial para obter resultados bem representados e abrangentes. Neste caso, a análise espacial também pode ser útil para identificar zonas de caraterísticas específicas, como o preditor, o tipo de ligação, o serviço de banda larga popular ou mesmo o perfil dos clientes

Capacidade de abordar o problema SIG de vários ângulos, como os discutidos na secção de possíveis melhorias deste documento (capítulo 3.1). Este componente pode ajudar o analista a melhorar os resultados da análise e também a produzir informação adicional para uma determinada área de interesse.

De um modo geral, um estudo SIG, utilizando métodos estatísticos como a redução de dados (PCA) e a modelação de regressão (logística), parece ser útil para uma investigação mais alargada sobre o desenvolvimento da banda larga. Tendo em conta a discussão e as conclusões anteriores, algumas das questões que poderiam ser respondidas através da realização de um projeto deste tipo são os interesses das pessoas na Web, as desigualdades geográficas em matéria de banda larga (ou seja, a disponibilidade), os serviços populares (ou seja, chamadas Web, televisão pela Internet) e os perfis dos clientes actuais ou futuros. No entanto, as estatísticas, por si só, não ajudam a encontrar as causas, mas apenas a indicar onde as procurar. Entretanto, o SIG pode gerir o problema apresentando-o.

Como afirmou o Prof. Martin Fransman no seu livro "Global Broadband Battles", de 2006, as medições do desempenho da banda larga podem ser resumidas em seis categorias (ver cap.1.4, p.7). No entanto, apenas a última categoria tem em conta a dimensão da satisfação do cliente. É a medição que conta a "adequação" da banda larga aos seus utilizadores.

Do mesmo modo, muitos dos projectos SIG aplicáveis na área da banda larga, como "***Broadband Mapping and Network Design Using Real-time GIS***", de Michael Dueweke, coautor Shengyao Duan Institute for Geospatial Research and Education - Eastern Michigan University, "***Using GIS to Reduce the Digital Divide in Southwest Georgia***", de Dan Bollinger - Executive Diretor e outras aplicações na Web[23] , centram-se na dimensão tecnológica da banda larga, como a melhoria das redes, a monitorização da rede de banda larga em tempo real ou o aperfeiçoamento da qualidade do serviço. Este documento procurou descrever o modo como os projectos SIG que utilizam métodos estatísticos podem ser úteis para o desenvolvimento da banda larga do ponto de vista do cliente.

---

[23] A Echolabs implementa projectos GIS para apoiar o desenvolvimento da banda larga. Para mais informações, consulte o sítio Web: http://www.echolabs.net/gis.html

Referências:

f Allen Michael Patrick, 1997. *Understanding Regression Analysis*. Springer - Verlag, Nova Iorque.
f Ballas D., Rossiter D., Thomas B., Clarke G., Dorling D. e Eyre H., 2005. *SimBritain: A Microsimulation Approach to population Dynamics*. Population, Space and place 11, 13-34.
f Ballas D., Rossiter D., Thomas B., Clarke G. e Dorling D., 2005. *Geography Matters. Simulando os impactos locais das políticas sociais nacionais*. Fundação Joseph Rowntree, York.
f Brian Everitt, Sabine Landau e Landau Landau, 2004. *Um Manual de Estatística Analyses Using SPSS*. CRC Press, Flórida
f Butt H., Bosnell J., Johnson T. e Johnson O., 2003. *Diretório Mundial de Retalho da DSL*. Ponto Topic Ltd, Londres
f Dunteman George H, 1989. *Principal Components Analysis*. Sage Publications Inc, Londres.
f Egbert M., Chun-Lo Meng K., Garrett C. e McGregor J. *Using GIS in Conjunction com modelos de regressão logística - um estudo de caso: Mapeamento de nascimentos com baixo peso no Colorado.*
f Fransman M., 2006. *Global Broadband Battles*. Stanford University Press, Stanford Califórnia
f Garcia Martha-Murillo e David Gabel, *"International Broadband Deployment: The Impact of Unbundling"*, documento apresentado na 31st Telecommunications Policy Research Conference (Arlington, VA), setembro de 2003.
f J. Edward Jackson, 2003. *A User's Guide to Principal Components*. John Wiley & Sons, Nova Jersey.
f Johnson T., e Herbert J., junho de 2003. *Explaining broadband Neighborhood.* Ponto Tópico Ltd, Londres
f Jolliffe Ian T., 2002. *Principal ComponentAnalysis*. Springer - Verlag, Nova Iorque
f Longley P., 2006. *The UK Geography of the E-society: A National Classification.* Disponível no sítio Web: http://www.spatial-literacy.org/index.php?p=esociety
f McGraw-Hill companies, 2003. *Como fazer tudo com o MS Excel 2003*. Brandon A. Nordin, Califórnia
f Menard Scott W, 2002. *Applied Logistic Regression Analysis*. Sage Publications Inc, Londres
f Mueller Katja, 2005. *World Broadband Statistics*. Point Topic Ltd, Londres
f Estatísticas nacionais, março de 2006. *Ligação à Internet.* Disponível no sítio Web: http://www.statistics.qov.uk/StatBase/Product.asp?vlnk=8251&Pos=&ColRank=1&Rank=422
f Quinn Gerry P., Keough Michael J., 2002. *Conceção experimental e análise de dados para Biólogos*. Cambridge University Press, Cambridge.
f de Smith M., 2006. *Handbook of GIS Analysis:2006, techniques and software-, Part I: core topics.*
f Walker A., Short M., Jones W., Creasey S., Tafazoli R., Graf P. 2005. *Exploiting the broadband opportunity: lessons from South Korea and Japan (Explorando a oportunidade da banda larga: lições da Coreia do Sul e do Japão).*
f Webber R., *The relative power ofgeodemographic Vis a Vis person and household level variáveis demográficas como discriminadores do comportamento do consumidor*. CASA , UCL, disponível no sítio Web: http://www.casa.ucl.ac.uk/workinq papers/paper84.pdf
f Webber R., *Demographic and Deprivation rations: Exemplos da sua utilização para compreender padrões espaciais subjacentes em fenómenos sociais.* CASA , UCL, disponível no sítio Web: http://www.casa.ucl.ac.uk/workinq papers/paper86.pdf

Sítios Web
Centro de Análise Espacial Avançada
f http://www.casa.ucl.ac.uk
f http://www.esri.com
EDINA - Repositório de dados digitais do Reino Unido
Dados cartográficos e recursos conexos
(Acesso académico)
f http://www.edma. ac .uk/maps
Point Topic Ltd
f http://www.point-topic.com
Estatísticas nacionais
f http://www.statistics.gov.uk/
Recursos de banda larga
f http://www.samknows.com/broadb

Apêndice

1. **Redução de dados - Quadros e gráficos de análise de componentes principais**

Inquérito 1

a) Utilização exclusiva de informações geodemográficas:

Rotated Component Matrix(a)

	Component																		
	1	2	3	4	5	6	7	8	9	10	11	12	13	14	15	16	17	18	19
Q81 Gender: (Single)	0.982	0.001	0.002	0.003	0.002	-0.026	0.000	0.004	-0.006	-0.037	-0.002	-0.012	-0.021	-0.022	0.014	-0.012	0.006	0.012	0.006
male all respondents	-0.977	-0.004	0.000	-0.004	-0.003	0.020	0.003	-0.004	0.001	0.041	-0.001	0.011	0.027	-0.009	-0.015	0.005	-0.008	-0.022	-0.006
female all respondents	0.977	0.013	0.001	0.002	0.002	-0.027	-0.003	0.005	0.016	-0.002	-0.002	-0.006	-0.004	-0.023	0.003	-0.007	0.008	0.020	0.003
16-24 all respondents	-0.015	-0.922	0.181	-0.167	-0.155	-0.085	0.028	-0.035	-0.008	0.036	0.050	-0.017	-0.019	0.087	-0.009	-0.004	0.000	-0.028	0.015
25-34 all respondents	0.003	0.158	-0.953	-0.151	-0.139	-0.078	-0.016	-0.031	-0.009	0.011	-0.011	-0.014	0.003	-0.030	-0.008	-0.001	0.015	0.003	0.000
35-44 all respondents	0.019	0.566	0.530	-0.438	-0.364	-0.182	-0.015	-0.073	0.026	-0.083	-0.012	0.020	0.024	-0.070	-0.037	-0.012	-0.015	0.052	-0.017
45-54 all respondents	0.009	0.115	0.119	0.969	-0.103	-0.057	0.002	-0.024	0.033	-0.016	-0.019	0.000	0.038	-0.004	0.026	-0.007	0.000	0.002	0.000
55-64 all respondents	0.008	0.094	0.097	-0.091	0.975	-0.053	0.000	-0.020	-0.011	0.089	-0.016	0.021	-0.006	-0.030	0.016	0.018	0.006	-0.022	0.000
65-74 all respondents	-0.051	0.042	0.045	-0.040	-0.043	0.986	0.001	-0.009	-0.006	0.066	-0.018	0.003	-0.012	-0.019	-0.006	0.013	-0.003	-0.026	-0.005
75+ all respondents	0.010	0.016	0.016	-0.016	-0.016	-0.008	-0.002	0.997	-0.022	0.022	0.040	0.001	-0.011	-0.014	0.021	-0.007	-0.003	-0.006	-0.001
male	-0.985	-0.014	0.001	-0.003	-0.004	0.019	0.007	-0.005	-0.011	0.023	-0.007	0.007	0.021	-0.007	-0.005	0.003	-0.011	-0.016	-0.006
female	0.984	0.008	-0.001	0.002	0.003	-0.022	-0.004	0.005	0.017	-0.013	0.000	-0.015	-0.009	-0.020	0.004	0.003	0.007	0.025	0.003
16-24	-0.014	-0.930	0.182	-0.168	-0.153	-0.083	0.026	-0.034	-0.018	0.010	0.050	-0.028	-0.026	0.085	-0.001	-0.003	-0.002	-0.021	0.015
25-34	0.003	0.158	-0.955	-0.151	-0.138	-0.077	-0.016	-0.031	-0.010	0.002	-0.011	-0.020	0.000	-0.023	-0.006	0.003	0.015	0.003	0.000
35-44	0.018	0.567	0.531	-0.439	-0.364	-0.182	-0.008	-0.073	0.023	-0.085	-0.012	0.016	0.025	-0.065	-0.037	-0.006	-0.017	0.061	-0.017
45-54	0.008	0.115	0.119	0.971	-0.103	-0.057	0.001	-0.024	0.030	-0.017	-0.024	0.005	0.034	-0.008	0.031	-0.008	-0.003	0.001	0.000
55-64	0.009	0.094	0.097	-0.091	0.975	-0.053	0.000	-0.020	-0.012	0.090	-0.019	0.022	-0.007	-0.031	0.016	0.017	0.005	-0.022	0.000
65-74	-0.049	0.042	0.044	-0.041	-0.043	0.987	0.001	-0.009	0.001	0.068	-0.021	0.004	-0.013	-0.020	-0.009	0.012	-0.003	-0.027	-0.006
75+	0.010	0.016	0.016	-0.016	-0.016	-0.008	-0.002	0.997	-0.022	0.022	0.040	0.001	-0.011	-0.014	0.021	-0.007	-0.003	-0.006	-0.001
no home workers	0.051	-0.064	0.013	-0.048	-0.007	-0.006	-0.169	0.016	-0.020	0.054	0.027	-0.088	-0.770	-0.195	-0.040	-0.491	0.070	0.006	-0.225
employed home workers	-0.025	0.009	-0.031	-0.032	0.058	0.050	-0.009	-0.026	0.029	-0.121	0.173	0.137	0.097	-0.009	-0.011	0.808	-0.068	0.164	0.012
self employed home workers	-0.042	0.013	0.011	0.036	-0.019	-0.027	-0.038	-0.016	-0.024	0.000	-0.064	-0.026	0.927	-0.083	0.076	-0.065	-0.011	-0.034	-0.080
1 or more employed home worrkers	-0.021	0.001	-0.012	0.051	0.020	-0.012	-0.015	0.025	0.158	-0.010	-0.002	0.021	0.187	0.119	-0.310	-0.060	0.085	0.092	0.753
1 or more self employed home workers	-0.007	-0.026	0.012	0.002	0.001	0.001	0.998	-0.002	0.005	0.011	-0.011	-0.007	0.020	0.021	0.005	0.006	-0.012	-0.003	-0.002
mixed home workers	-0.007	-0.026	0.012	0.002	0.001	0.001	0.998	-0.002	0.005	0.011	-0.011	-0.007	0.020	0.021	0.005	0.006	-0.012	-0.003	-0.002
do not know	0.003	0.143	-0.003	0.061	-0.052	-0.003	-0.042	0.003	-0.088	0.045	-0.206	0.054	0.010	0.551	0.249	0.224	-0.126	-0.278	0.059
Cable coverage	0.008	-0.003	0.001	0.030	0.043	-0.020	-0.028	0.033	0.126	-0.012	-0.009	0.064	0.115	0.027	0.700	0.024	-0.027	-0.016	0.004
DSL coverage	0.015	0.001	-0.001	0.027	-0.012	0.009	0.042	0.007	0.170	-0.018	0.059	-0.045	-0.021	0.010	0.642	-0.096	0.147	0.121	-0.042
urban	-0.015	-0.014	-0.013	-0.027	0.011	0.003	-0.005	0.023	-0.974	-0.005	0.004	-0.006	0.006	0.020	-0.159	-0.020	0.009	0.006	-0.017
rural	0.019	0.016	0.012	0.028	-0.015	-0.002	0.005	-0.023	0.974	0.005	-0.007	0.007	-0.005	-0.022	0.151	0.021	-0.015	-0.007	0.018
single	0.025	0.046	0.005	-0.010	-0.018	-0.017	-0.045	0.076	-0.007	0.157	0.831	-0.038	-0.062	-0.298	0.056	0.094	0.016	-0.167	-0.008
couple	0.015	0.201	-0.030	0.037	0.039	0.048	-0.019	-0.038	0.005	-0.142	-0.825	0.060	0.051	-0.400	0.016	0.002	-0.054	0.042	0.033
adults	-0.046	-0.297	0.032	-0.035	-0.028	-0.040	0.071	-0.036	0.001	0.005	0.109	-0.033	0.004	0.814	-0.080	-0.104	0.049	0.130	-0.032
nokid	-0.081	-0.053	-0.025	-0.010	0.099	0.092	0.016	0.018	0.011	0.877	0.160	0.020	-0.003	-0.010	-0.049	-0.071	0.023	-0.262	0.011
kids 1 or 2	0.038	0.025	0.017	0.011	-0.107	-0.065	-0.009	-0.031	0.000	-0.926	-0.074	-0.011	0.028	-0.044	-0.017	-0.003	0.022	-0.266	-0.023
more than 3 kids	0.083	0.063	0.012	-0.001	-0.051	-0.053	-0.009	-0.010	-0.018	0.020	-0.148	-0.033	-0.036	0.005	0.095	0.085	-0.029	0.883	0.007
social class A	-0.059	0.051	-0.008	0.060	0.021	0.003	-0.010	0.034	0.138	-0.060	0.026	0.083	0.205	0.153	-0.362	-0.065	0.067	0.105	-0.659
social class B	-0.026	0.014	0.051	-0.004	0.005	-0.006	0.000	0.004	-0.005	0.062	-0.116	0.875	-0.018	-0.032	0.020	0.144	-0.182	-0.074	0.066
social class C	0.026	-0.044	0.015	-0.010	-0.046	-0.015	0.022	-0.001	-0.028	0.041	-0.077	-0.858	-0.050	-0.038	0.002	0.108	-0.442	-0.046	0.156
social class D	0.036	-0.007	-0.029	-0.002	0.008	-0.006	-0.022	-0.007	-0.026	0.003	0.025	0.047	-0.046	-0.016	0.103	0.004	0.963	-0.028	0.037
social class E	-0.016	0.041	-0.067	-0.023	0.048	0.056	-0.006	-0.032	-0.031	-0.164	0.350	0.251	0.036	0.029	0.164	-0.523	-0.205	0.191	0.109

Extraction Method: Principal Component Analysis.

a. Rotation converged in 16 iterations.

b) Utilização de todas as informações

Comunalidades

		Inicial	Extração
1	Q2e/f Presença de computador de secretária/laptop SEM COMPUTADOR	1.000	0.674
2	Q2e/f Presença de computador de secretária/laptop SINGLE DESKTOP	1.000	0.833
3	Q2e/f Presença de computador de secretária/laptop MULT.DESKTOPS	1.000	0.742
4	Q2e/f Presença de computador de secretária/computador portátil SINGLE LAPTOP	1.000	0.857
5	Q2e/f Presença de computador de secretária/laptop MULT LAP TOP	1.000	0.701
6	Q2e/f Presença de computador de secretária/portátil AMBOS	1.000	0.789
7	Q5 Quais destes serviços de televisão utiliza? TV TERRESTRE	1.000	0.896
8	Q5 Qual destes serviços de televisão utiliza?FREEVIEW-DIGITAL TV	1.000	0.823
9	Q5 Qual dos seguintes serviços de televisão utiliza: FREEVIE TOP-UP	1.000	0.569
10	Q5 Qual dos seguintes serviços de televisão utiliza: SATELLITE-SKY TV	1.000	0.808
11	Q5 Qual dos seguintes serviços de televisão utiliza: SATELLITE-SKY+TV	1.000	0.734

12	Q5 Qual destes serviços de televisão utiliza? TV por cabo	1.000	0.846
13	Q5 Qual destes serviços de televisão utiliza? TV over Bb	1.000	0.637
14	Q5 Quais destes serviços de televisão utiliza? NÃO SABE	1.000	0.586
15	Q5 Qual dos seguintes serviços de televisão utiliza?NÃO RESPOSTA	1.000	0.612
16	Q31 E agora, pensando especificamente no seu interesse pessoal, o que é que você / eles fazem normalmente na Internet?	1.000	0.810
17	Q31 E agora, pensando especificamente nos seus interesses pessoais, o que é que costuma fazer na Internet? VER VÍDEOS	1.000	0.577
18	Q31 E agora, pensando especificamente no seu interesse pessoal, o que é que você / eles fazem normalmente na Internet? FAZER CHAMADAS TELEFÓNICAS '	1.000	0.573
19	Q31 E agora, pensando especificamente no seu interesse pessoal, o que é que o(a) senhor(a) faz habitualmente na Internet? WEBCAM VIDEO CALLS	1.000	0.792
20	Q31 E agora, pensando especificamente nos seus interesses pessoais, o que é que costuma fazer na Internet?	1.000	0.950
21	Q31 E agora, pensando especificamente no seu interesse pessoal, o que é que você/eles fazem normalmente na Internet?EMAIL	1.000	0.885
22	Q31 E agora, pensando especificamente no seu interesse pessoal, o que é que o(a) senhor(a) costuma fazer na Internet?	1.000	0.806
23	Q31 E agora, pensando especificamente no seu interesse pessoal, o que é que você / eles fazem normalmente na Internet?	1.000	0.834

24	Q31 E agora, pensando especificamente no seu interesse pessoal, o que é que você/eles fazem normalmente na Internet?	1.000	0.804
25	Q31 E agora, pensando especificamente nos seus interesses pessoais, o que é que costuma fazer na Internet?	1.000	0.782
	Q31 E agora, pensando especificamente no seu interesse pessoal, o que é que você / eles fazem normalmente na Internet?	1.000	0.789
26	Q31 E agora, pensando especificamente no seu interesse pessoal, o que é que o(a) senhor(a) costuma fazer na Internet?	1.000	0.719
27	Q31 E agora, pensando especificamente no seu interesse pessoal, o que é que você / eles fazem normalmente na Internet?	1.000	0.512
28	Q31 E agora, pensando especificamente no seu interesse pessoal, o que é que você/eles fazem normalmente na Internet?	1.000	0.682
29	Q31 E agora, pensando especificamente no seu interesse pessoal, o que é que o(a) senhor(a) costuma fazer na Internet?	1.000	0.745
30 31	Q31 E agora, pensando especificamente no seu interesse pessoal, o que é que você/eles fazem normalmente na Internet?	1.000	0.967
32	Q31 1ª/2ª prioridadeVÍDEO TV	1.000	0.935
33	TELEFONE/CÂMARA WEB	1.000	0.962
34	Q31 1ª/2ª prioridade DOWNLOADS DE MÚSICA	1.000	0.948
35	Q31 1ª/2ª prioridadeEMAIL	1.000	0.889

36	FICHEIROS DE TROCA	1.000	0.833
37	Q31 1ª/2ª PrioridadeCHAT	1.000	0.849
38	Q31 1ª/2ª PrioridadeRADIO	1.000	0.849
39	Q31 1ª/2ª PrioridadeJogos	1.000	0.858
40	Q31 1ª/2ª prioridadeBLOGGING	1.000	0.889
41	Q31 1ª/2ª prioridadeSHOPPING/EBAY	1.000	0.817
42	Q31 1ª/2ª prioridade BANCÁRIO	1.000	0.765
43	Q31 1ª/2ª prioridadeJOGO	1.000	0.760
44	NÃO SABE	1.000	0.967
45	Q49 Mais precisamente, que tipo de informação procura quando navega na Internet? BLOGS	1.000	0.569
46	Q49 Mais precisamente, que tipo de informação procura quando navega na Internet? CELEBRIDADES,EVENTOS	1.000	0.664
47	Q49 Mais precisamente, que tipo de informação procura quando navega na Internet? DIETA	1.000	0.735

48	Q49 Mais precisamente, que tipo de informação procura quando navega na Internet? ENTRETENIMENTO	1.000	0.534
49	Q49 Mais precisamente, que tipo de informação procura quando navega na Internet?FINANCIAL	1.000	0.478
50	Q49 Mais precisamente, que tipo de informação procura quando navega na Internet?SAÚDE	1.000	0.551
51	SOBRE HOBBIES	1.000	0.560
52	Q49 Mais precisamente, que tipo de informação procura quando navega na Internet?LEGAL	1.000	0.578
53	Q49 Mais precisamente, que tipo de informação procura quando navega na Internet?NEWS	1.000	0.502
54	Q49 Mais precisamente, que tipo de informação procura quando navega na Internet?RECEITAS	1.000	0.487
55	Q49 Mais precisamente, que tipo de informação procura quando navega na Internet?COMPRAS	1.000	0.552
56	Q49 Mais precisamente, que tipo de informação procura quando navega na Internet?DESPORTO	1.000	0.511
57	Q49 Mais precisamente, que tipo de informação procura quando navega na Internet?VIAGEM	1.000	0.540
58	Q49 Mais precisamente, que tipo de informação procura quando navega na Internet?	1.000	0.513

59	Q49 Mais precisamente, que tipo de informação procura quando navega na Internet?PÁGINAS AMARELAS	1.000	0.518
60	Q49 Mais precisamente, que tipo de informação procura quando navega na Internet?ANIMAÇÃO,	1.000	0.544

	JOGOS		
61	Q49 Mais precisamente, que tipo de informação procura quando navega na Internet?COMIC	1.000	0.627
62	Q49 Mais precisamente, que tipo de informação procura quando navega na Internet?OUTROS	1.000	0.620
63	Q49 Mais precisamente, que tipo de informação procura quando navega na Internet?NÃO SABE	1.000	0.490
64	Q67 Alguma vez utilizou um PC ou computador e, em caso afirmativo, em que situação? NO TRABALHO	1.000	0.573
65	Q67 Alguma vez utilizou um PC ou computador e, em caso afirmativo, em que situação?	1.000	0.438
66	Q25/26 Sexo e idade da outra pessoa que utiliza a Internet	1.000	0.845

67	Q25/26 Sexo e idade da outra pessoa que utiliza a Internet	1.000	0.731
68	Q25/26 Sexo e idade da outra pessoa que utiliza a Internet	1.000	0.680
69	Q25/26 Sexo e idade da outra pessoa que utiliza a Internet	1.000	0.743
70	Q25/26 Sexo e idade da outra pessoa que utiliza a Internet	1.000	0.644
71	Q25/26 Sexo e idade da outra pessoa que utiliza a Internet	1.000	0.720
72	Q25/26 Sexo e idade da outra pessoa que utiliza a Internet	1.000	0.706
73	homens todos os inquiridos	1.000	0.983
74	mulheres todos os inquiridos	1.000	0.983
75	16-24 todos os inquiridos	1.000	0.939

76	25-34 todos os inquiridos	1.000	0.984
77	35-44 todos os inquiridos	1.000	0.981
78	45-54 todos os inquiridos	1.000	0.979
79	55-64 todos os inquiridos	1.000	0.977
80	65-74 todos os inquiridos	1.000	0.976
81	masculino	1.000	0.987
82	feminino	1.000	0.986
83	16-24	1.000	0.954
84	25-34	1.000	0.990

85	35-44	1.000	0.986
86	45-54	1.000	0.987
87	55-64	1.000	0.978
88	65-74	1.000	0.976
89	não há trabalhadores no domicílio	1.000	0.975
90	trabalhadores domésticos assalariados	1.000	0.661
91	trabalhadores domésticos independentes	1.000	0.813
92	1 ou mais trabalhadores domésticos empregados	1.000	0.539
93	1 ou mais trabalhadores domésticos por conta própria	1.000	0.991

94	trabalhadores domésticos mistos	1.000	0.991
95	não sei quantos	1.000	0.603
96	Até_512	1.000	0.701
97	Até_2	1.000	0.714
98	mais_que_2	1.000	0.677
99	menos_que_5	1.000	0.882
100	menos_que_5	1.000	0.968
101	mais_que_40	1.000	0.639
102	satisfeito	1.000	0.900

103	não_satisfeito	1.000	0.875
104	único	1.000	0.849
105	casal	1.000	0.863
106	adultos	1.000	0.767
107	nokids	1.000	0.858
108	crianças1_2	1.000	0.884
109	mais_que_3	1.000	0.657

110	Classe social A	1.000	0.663
111	Classe social B	1.000	0.833

112	Classe social C	1.000	0.976
113	Classe social D	1.000	0.783
114	Classe social E	1.000	0.711
115	coberto_por_cabos	1.000	0.617
116	DSL_cobertura	1.000	0.522
117	urbano	1.000	0.967
118	rural	1.000	0.966

Método de extração: Análise de componentes principais.

Inquérito 2

a) Utilização exclusiva de informações geodemográficas:

Component Matrix(a)

	Component																		
	1	2	3	4	5	6	7	8	9	10	11	12	13	14	15	16	17	18	19
Q81Gender: (Single)	0.973	-0.026	-0.098	0.051	0.006	-0.071	-0.045	-0.038	-0.006	-0.011	-0.018	0.004	-0.009	-0.003	0.017	-0.007	-0.010	-0.012	0.005
male all respondents	-0.969	0.028	0.096	-0.049	0.004	0.077	0.043	0.048	0.001	0.006	0.015	-0.011	0.013	-0.002	-0.016	0.006	0.018	0.008	-0.003
female all respondents	0.969	-0.019	-0.105	0.052	0.019	-0.068	-0.052	-0.028	-0.011	0.001	-0.034	-0.009	-0.003	-0.012	0.033	-0.003	-0.006	-0.014	0.008
16-24 all respondents	0.069	0.266	0.008	-0.172	-0.811	0.024	0.245	-0.222	0.115	0.075	0.158	-0.042	0.041	0.026	-0.010	0.079	0.157	0.028	0.012
25-34 all respondents	-0.004	0.264	0.565	-0.048	0.418	-0.218	-0.090	-0.512	0.173	-0.070	-0.215	0.067	-0.031	0.015	-0.003	-0.007	0.026	-0.044	-0.002
35-44 all respondents	0.116	-0.330	0.456	0.355	-0.133	0.345	0.096	0.528	-0.110	-0.040	-0.274	0.110	0.014	-0.045	0.013	-0.014	0.015	-0.057	0.022
45-54 all respondents	-0.004	-0.329	-0.331	-0.729	0.254	-0.229	0.021	0.312	-0.084	0.074	0.042	-0.063	-0.031	0.018	-0.009	0.002	-0.025	0.009	-0.004
55-64 all respondents	-0.176	0.075	-0.319	0.458	-0.124	-0.185	-0.732	0.010	-0.096	-0.054	0.122	-0.067	0.010	-0.059	-0.003	0.021	0.008	0.020	0.022
65-74 all respondents	-0.034	0.090	-0.357	0.386	0.277	0.137	0.592	-0.255	-0.377	0.008	0.114	-0.043	-0.010	-0.023	0.024	-0.049	-0.128	0.023	-0.025
75+ all respondents	0.073	0.178	-0.207	0.016	0.210	0.538	-0.058	0.099	0.702	0.031	0.163	0.004	0.068	0.078	0.040	-0.096	-0.145	0.044	-0.040
male	-0.980	0.023	0.104	-0.048	-0.006	0.072	0.049	0.038	0.006	0.000	0.028	-0.001	0.009	0.005	-0.025	0.003	0.005	0.008	-0.003
female	0.980	-0.021	-0.104	0.048	0.006	-0.071	-0.049	-0.038	-0.007	0.001	-0.029	0.002	-0.009	-0.004	0.026	-0.002	-0.005	-0.009	0.003
16-24	0.072	0.252	0.019	-0.171	-0.817	0.026	0.246	-0.231	0.116	0.080	0.182	-0.034	0.040	0.043	-0.028	0.086	0.159	0.045	0.010
25-34	-0.008	0.264	0.566	-0.046	0.415	-0.226	-0.088	-0.515	0.179	-0.073	-0.217	0.086	-0.038	0.012	-0.007	-0.013	0.015	-0.045	-0.005
35-44	0.116	-0.333	0.457	0.356	-0.134	0.344	0.098	0.528	-0.108	-0.043	-0.272	0.112	0.014	-0.046	0.009	-0.016	0.015	-0.057	0.022
45-54	-0.003	-0.333	-0.332	-0.731	0.253	-0.230	0.022	0.311	-0.083	0.068	0.044	-0.065	-0.036	0.020	-0.009	0.000	-0.029	0.005	-0.005
55-64	-0.178	0.073	-0.322	0.459	-0.126	-0.185	-0.733	0.007	-0.095	-0.055	0.118	-0.069	0.011	-0.058	-0.006	0.019	0.004	0.018	0.021
65-74	-0.037	0.091	-0.358	0.386	0.276	0.137	0.591	-0.255	-0.378	0.007	0.116	-0.037	-0.013	-0.020	0.029	-0.051	-0.131	0.021	-0.025
75+	0.073	0.178	-0.207	0.016	0.210	0.538	-0.058	0.099	0.702	0.031	0.163	0.004	0.068	0.078	0.040	-0.096	-0.145	0.044	-0.040
Cable coverage	-0.039	-0.032	0.037	0.184	0.043	-0.425	0.155	0.143	0.080	0.010	0.060	0.140	0.508	0.162	0.132	-0.243	0.054	0.211	-0.030
DSL coverage	-0.060	-0.129	0.013	0.140	0.055	-0.363	0.075	0.086	0.048	-0.040	0.083	0.155	0.601	0.078	0.218	-0.130	0.055	0.286	0.046
single	0.114	0.475	-0.161	0.012	0.343	0.173	0.082	0.200	-0.021	0.060	-0.157	-0.063	0.104	0.014	-0.181	0.183	0.571	0.128	0.036
couple	-0.021	-0.513	0.292	0.163	0.067	-0.019	-0.075	-0.105	-0.033	-0.070	0.547	-0.182	-0.128	0.010	0.231	0.036	-0.188	-0.062	-0.014
adults	-0.087	0.067	-0.209	-0.186	-0.403	-0.146	0.000	-0.071	0.051	-0.001	-0.513	0.304	0.037	-0.019	-0.065	-0.261	-0.387	-0.095	-0.033
no kids	-0.191	0.310	-0.554	0.149	0.060	-0.006	0.001	0.063	0.048	-0.089	-0.307	0.023	-0.049	-0.077	0.224	0.027	0.094	-0.137	0.052
kids 1 or 2	0.186	-0.311	0.525	-0.079	0.052	0.030	0.013	-0.003	-0.014	0.071	0.463	-0.062	0.048	-0.106	-0.218	-0.316	0.181	-0.096	0.089
more than 3 kids	0.077	-0.077	0.249	0.005	-0.001	0.057	-0.026	0.032	-0.051	0.013	-0.066	-0.112	-0.003	0.347	0.083	0.648	-0.251	0.407	-0.249
upto182w	0.067	0.306	0.038	-0.047	0.119	0.176	-0.060	0.013	-0.087	0.147	0.056	0.044	0.265	-0.304	-0.386	0.129	-0.032	0.124	0.096
182 - 336£/w	-0.006	0.202	0.077	-0.036	0.096	0.017	-0.147	0.148	-0.192	-0.090	0.002	-0.098	-0.063	0.615	0.109	-0.084	0.316	-0.207	-0.122
336 - 961£/w	-0.041	-0.246	0.109	-0.071	-0.010	-0.130	0.004	0.027	0.152	-0.188	-0.132	-0.100	-0.320	-0.420	0.119	-0.041	0.085	0.467	0.153
more than 962£/w	-0.039	-0.207	0.057	-0.016	-0.044	-0.083	0.038	-0.059	0.127	0.315	-0.060	0.001	0.181	0.054	0.289	0.169	-0.025	-0.450	-0.039
house isbought	-0.112	-0.687	-0.312	0.185	0.037	0.057	0.064	-0.240	0.212	0.018	-0.049	0.142	-0.115	0.079	-0.092	0.061	0.249	-0.040	0.082
house isrented	0.128	0.685	0.304	-0.185	-0.030	-0.052	-0.052	0.258	-0.205	-0.023	0.040	-0.138	0.115	-0.082	0.109	-0.059	-0.237	0.025	-0.085
house is detached	-0.013	-0.580	-0.083	0.015	-0.061	0.149	-0.140	-0.308	-0.026	0.177	-0.266	-0.284	0.218	0.157	-0.335	-0.095	-0.050	0.088	-0.129
house isterraced	0.031	0.169	-0.015	-0.035	0.057	-0.155	0.075	0.163	0.045	-0.267	0.341	0.768	-0.134	-0.092	0.079	0.249	0.042	-0.084	-0.016
flat in block	0.001	0.486	0.116	-0.008	-0.024	-0.012	0.090	0.189	0.010	0.055	-0.047	-0.528	-0.123	-0.071	0.356	-0.173	0.006	-0.008	0.186
social class A	-0.003	-0.059	0.030	-0.018	0.054	0.016	-0.004	-0.047	0.001	0.156	-0.040	-0.001	0.140	0.217	0.016	0.259	-0.164	-0.057	0.859
social class B	-0.025	-0.256	0.007	0.019	0.037	0.047	-0.028	-0.153	0.075	0.593	-0.116	0.054	0.029	-0.320	0.425	0.068	0.199	0.049	-0.194
social class C	0.013	-0.125	-0.068	-0.026	-0.081	-0.067	0.173	-0.001	0.162	-0.877	-0.047	-0.224	0.112	0.018	-0.100	0.028	0.003	-0.095	-0.045
social class D	0.016	0.278	0.054	0.023	-0.017	0.084	-0.149	0.053	-0.224	0.393	0.095	0.316	-0.366	0.353	-0.130	-0.309	-0.077	0.253	0.038
social class E	-0.017	0.245	0.062	0.010	0.127	-0.065	-0.084	0.163	-0.094	0.225	0.143	-0.083	0.235	-0.283	-0.289	0.202	-0.118	-0.283	-0.144
urban	-0.038	0.050	0.008	0.382	0.002	-0.595	0.298	0.279	0.385	0.213	-0.006	-0.131	-0.202	0.061	-0.215	0.045	-0.042	-0.033	-0.029
rural	0.039	-0.049	-0.009	-0.379	-0.005	0.596	-0.297	-0.280	-0.384	-0.218	0.006	0.134	0.203	-0.058	0.215	-0.049	0.044	0.036	0.032

Extraction Method: Principal Component Analysis.

a. 19 components extracted.

Rotated Component Matrix(a)

	Component																		
	1	2	3	4	5	6	7	8	9	10	11	12	13	14	15	16	17	18	19
Q81 Gender: (Single)	0.983	-0.007	-0.024	0.016	0.008	-0.012	-0.002	0.029	0.013	-0.003	0.006	-0.014	0.002	-0.009	0.012	0.004	0.006	0.005	-0.002
male all respondents	-0.980	0.002	0.025	-0.010	-0.002	0.022	0.003	-0.029	-0.013	-0.002	-0.008	0.013	0.006	0.008	0.001	-0.001	-0.004	-0.011	0.002
female all respondents	0.981	-0.010	-0.018	0.018	0.023	0.004	0.000	0.015	0.014	-0.005	-0.004	0.005	0.007	-0.009	0.024	0.005	0.003	0.005	0.004
16-24 all respondents	0.024	-0.108	-0.092	-0.101	0.086	-0.949	-0.077	-0.047	-0.046	0.000	0.012	0.004	0.010	-0.039	-0.045	-0.015	0.018	-0.009	-0.008
25-34 all respondents	-0.018	0.947	-0.122	-0.137	0.088	0.134	-0.098	0.052	-0.054	0.006	0.010	0.017	0.002	0.001	0.028	0.018	-0.010	0.022	0.016
35-44 all respondents	0.034	-0.123	-0.107	0.962	-0.012	0.115	-0.086	0.092	-0.047	0.009	-0.018	0.019	0.010	-0.001	-0.005	-0.024	-0.021	0.046	0.004
45-54 all respondents	0.006	-0.513	-0.426	-0.473	-0.054	0.431	-0.310	-0.013	-0.155	-0.040	-0.008	0.027	0.034	0.009	0.000	-0.020	-0.041	-0.019	0.016
55-64 all respondents	-0.049	-0.095	0.960	-0.092	-0.032	0.091	-0.094	-0.057	-0.047	0.015	-0.017	-0.025	-0.038	0.028	-0.012	0.028	0.016	-0.027	-0.013
65-74 all respondents	-0.003	-0.060	-0.078	-0.060	-0.043	0.061	0.972	-0.047	-0.038	0.019	-0.007	-0.024	-0.011	0.016	0.043	0.020	0.041	-0.027	-0.009
75+ all respondents	0.030	-0.029	-0.032	-0.027	-0.003	0.032	-0.032	-0.036	0.990	-0.017	0.012	-0.006	-0.003	-0.048	0.051	0.028	0.026	-0.013	-0.005
male	-0.991	0.009	0.023	-0.013	-0.011	0.011	0.004	-0.019	-0.013	0.004	-0.001	0.001	0.001	0.009	-0.019	-0.002	-0.003	-0.008	0.002
female	0.991	-0.009	-0.023	0.013	0.012	-0.011	-0.004	0.018	0.013	-0.004	0.001	0.000	-0.001	-0.010	0.019	0.003	0.004	0.009	-0.002
16-24	0.024	-0.107	-0.095	-0.104	0.065	-0.961	-0.079	-0.020	-0.045	0.001	0.014	-0.006	-0.006	-0.033	-0.043	-0.011	0.019	0.008	-0.007
25-34	-0.020	0.953	-0.124	-0.137	0.081	0.134	-0.099	0.047	-0.054	0.012	0.022	0.012	-0.005	0.002	0.011	0.017	-0.013	0.018	0.011
35-44	0.034	-0.123	-0.107	0.963	-0.015	0.115	-0.087	0.094	-0.046	0.012	-0.018	0.015	0.010	0.001	-0.007	-0.023	-0.022	0.043	0.003
45-54	0.007	-0.514	-0.427	-0.475	-0.054	0.432	-0.310	-0.011	-0.155	-0.039	-0.008	0.022	0.038	0.005	-0.006	-0.026	-0.040	-0.020	0.015
55-64	-0.050	-0.095	0.961	-0.092	-0.035	0.092	-0.093	-0.060	-0.047	0.016	-0.022	-0.027	-0.037	0.027	-0.017	0.028	0.018	-0.028	-0.014
65-74	-0.004	-0.061	-0.077	-0.060	-0.041	0.062	0.974	-0.048	-0.038	0.016	-0.002	-0.024	-0.015	0.016	0.039	0.015	0.043	-0.028	-0.009
75+	0.030	-0.029	-0.032	-0.027	-0.003	0.032	-0.032	-0.036	0.990	-0.017	0.012	-0.006	-0.003	-0.048	0.051	0.028	0.026	-0.013	-0.005
Cable coverage	-0.011	0.015	-0.004	0.010	0.025	0.021	0.022	0.004	-0.041	0.194	0.017	-0.009	-0.006	0.808	-0.009	-0.046	0.063	-0.044	-0.033
DSL coverage	-0.026	-0.014	0.048	-0.012	-0.032	0.041	0.005	0.033	-0.045	0.020	0.038	0.050	0.090	0.845	-0.009	-0.015	-0.035	0.029	0.057
single	0.078	0.035	-0.066	-0.011	0.104	0.052	0.068	-0.281	0.108	0.009	0.038	-0.050	-0.045	-0.007	0.853	0.237	0.045	-0.026	-0.015
couple	-0.034	-0.034	0.137	0.032	-0.079	0.126	0.088	0.773	-0.012	-0.005	0.035	0.115	0.148	-0.031	-0.282	-0.234	-0.036	0.146	0.041
adults	-0.026	-0.009	-0.090	-0.003	-0.046	-0.143	-0.157	-0.642	-0.092	-0.016	-0.078	-0.080	-0.116	0.042	-0.579	-0.003	0.015	-0.170	-0.046
no kids	-0.100	-0.109	0.240	-0.115	0.079	0.087	0.204	-0.613	0.108	0.043	0.111	0.089	0.155	-0.066	0.159	-0.142	0.016	-0.176	0.027
kids 1 or 2	0.095	0.088	-0.195	0.145	-0.058	-0.028	-0.166	0.779	-0.061	-0.027	-0.066	-0.047	-0.083	0.066	0.011	0.125	-0.008	-0.314	-0.037
more than 3 kids	0.034	0.041	-0.055	0.085	0.021	-0.004	-0.056	0.054	-0.026	0.004	-0.046	0.002	-0.008	-0.012	0.021	-0.023	0.007	0.954	0.031
upto182w	0.025	0.053	0.006	-0.009	0.090	-0.032	0.037	-0.031	0.076	-0.120	-0.009	-0.074	-0.092	-0.008	0.164	0.672	-0.069	-0.009	0.074
182 - 336£/w	-0.026	0.037	0.041	0.006	0.176	0.084	-0.124	0.020	-0.088	-0.065	-0.023	-0.165	-0.151	-0.015	0.373	-0.398	0.537	0.036	-0.074
336 - 961£/w	-0.033	0.023	-0.034	0.034	-0.021	0.069	-0.140	0.055	-0.085	0.053	-0.007	0.007	0.091	-0.034	0.009	-0.162	-0.804	0.000	-0.036
more than 962£/w	-0.023	0.019	-0.082	0.026	-0.075	-0.013	-0.093	0.020	-0.022	0.092	-0.017	0.516	0.221	0.022	-0.167	-0.070	0.357	-0.013	0.152
house isbought	-0.043	-0.105	0.034	0.008	-0.828	0.061	0.084	0.050	0.046	0.070	-0.092	0.135	0.116	-0.039	0.022	-0.254	-0.096	-0.090	0.087
house isrented	0.058	0.095	-0.046	0.005	0.832	-0.052	-0.083	-0.060	-0.039	-0.068	0.105	-0.125	-0.101	0.038	-0.011	0.243	0.101	0.082	-0.089
house is detached	0.020	-0.035	0.005	0.019	-0.512	0.048	-0.045	0.055	-0.050	-0.115	-0.748	0.016	0.018	0.016	-0.144	0.059	0.051	0.103	-0.043
house isterraced	0.023	0.012	-0.031	-0.021	-0.128	0.000	-0.032	-0.020	-0.003	-0.005	0.963	-0.094	-0.050	0.072	-0.031	0.063	0.028	0.011	-0.054
flat in block	-0.032	0.011	0.013	-0.011	0.768	-0.082	0.065	-0.031	0.078	0.137	-0.171	0.078	0.058	-0.094	0.183	-0.195	-0.108	-0.135	0.121
social class A	-0.001	0.019	-0.025	0.003	-0.042	0.015	-0.017	0.004	-0.010	-0.017	-0.027	-0.015	-0.034	0.027	-0.006	0.034	0.030	0.032	0.963
social class B	0.000	0.014	-0.025	0.018	-0.130	0.002	-0.003	0.007	0.002	-0.058	-0.093	0.869	-0.058	0.050	0.029	-0.007	-0.171	0.008	-0.121
social class C	0.016	0.007	-0.051	0.017	-0.068	-0.035	-0.001	-0.026	0.014	-0.025	0.015	-0.612	0.699	0.043	-0.043	-0.216	-0.064	-0.013	-0.128
social class D	-0.001	0.012	0.049	-0.003	0.092	-0.014	0.023	-0.011	0.011	0.003	0.063	-0.089	-0.910	-0.074	0.002	-0.068	0.081	-0.001	-0.009
social class E	-0.037	-0.026	0.078	-0.035	0.198	0.095	-0.020	0.068	-0.046	0.149	0.045	0.107	0.104	-0.087	0.019	0.626	0.255	-0.021	-0.065
urban	-0.004	0.014	0.018	0.015	0.002	-0.005	0.019	-0.019	-0.016	0.981	0.029	-0.005	-0.005	0.114	0.002	-0.009	-0.028	0.001	-0.007
rural	0.005	-0.013	-0.017	-0.012	-0.003	0.003	-0.018	0.019	0.017	-0.982	-0.027	0.000	0.003	-0.111	-0.002	0.006	0.027	-0.003	0.008

Extraction Method: Principal Component Analysis.

a. Rotation converged in 17 iterations.

b) Utilização de todas as informações

Comunalidades

	Inicial	Extração
Q2e/f Presença de computador de secretária/laptop SEM COMPUTADOR	1.000	0.680
Q2e/f Presença de computador de secretária/laptop SINGLE DESKTOP	1.000	0.759
Q2e/f Presença de computador de secretária/laptop MULT.DESKTOPS	1.000	0.661
Q2e/f Presença de computador de secretária/computador portátil SINGLE LAPTOP	1.000	0.835
Q2e/f Presença de computador de secretária/laptop MULT LAP TOP	1.000	0.637
Q2e/f Presença de computador de secretária/portátil AMBOS	1.000	0.815
Q5 Quais destes serviços de televisão utiliza? TV TERRESTRE	1.000	0.897
Q5 Qual destes serviços de televisão utiliza?FREEVIEW-DIGITAL TV	1.000	0.873
Q5 Qual dos seguintes serviços de televisão utiliza: FREEVIE TOP-UP	1.000	0.610
Q5 Qual dos seguintes serviços de televisão utiliza: SATELLITE-SKY TV	1.000	0.885
Q5 Qual dos seguintes serviços de televisão utiliza: SATELLITE-SKY+TV	1.000	0.605
Q5 Qual destes serviços de televisão utiliza? TV por cabo	1.000	0.796
Q5 Qual destes serviços de televisão utiliza? TV over Bb	1.000	0.389
W1Q5/W2Q3 Qual dos seguintes serviços de televisão utiliza?FREEVIEW TO SATELLITE	1.000	0.521
W1Q5/W2Q3 Quais destes serviços de televisão utiliza? VÍDEOS OU DVD	1.000	0.378

W1Q5/W2Q3 Qual destes serviços de televisão utiliza? NÃO SABE	1.000	0.437
Q27 Então, diria que utiliza a Internet para? TRABALHO	1.000	0.478
Q27 Então, diria que utiliza a Internet para? EDUCAÇÃO	1.000	0.480
Q27 Então, diria que utiliza a Internet para? ENTRETENIMENTO	1.000	0.689
GERIR A SUA VIDA	1.000	0.530
Q27 Então, diria que utiliza a Internet para? COOMUNICAÇÃO	1.000	0.641
Q27 Então, diria que você/eles utilizam a Internet para? NÃO SABE	1.000	0.635
Q31 E agora, pensando especificamente no seu interesse pessoal, o que é que você / eles fazem normalmente na Internet?	1.000	0.835
Q31 E agora, pensando especificamente nos seus interesses pessoais, o que é que costuma fazer na Internet? VER VÍDEOS	1.000	0.561
Q31 E agora, pensando especificamente no seu interesse pessoal, o que é que você / eles fazem normalmente na Internet? FAZER CHAMADAS TELEFÓNICAS	1.000	0.550
Q31 E agora, pensando especificamente no seu interesse pessoal, o que é que o(a) senhor(a) costuma fazer na Internet? WEBcAM VIDEO CHAMADAS	1.000	0.802
Q31 E agora, pensando especificamente nos seus interesses pessoais, o que é que costuma fazer na Internet?	1.000	0.935
Q31 E agora, pensando especificamente no seu interesse pessoal, o que é que você/eles fazem normalmente na Internet?EMAIL	1.000	0.887
Q31 E agora, pensando especificamente no seu interesse pessoal, o que é que o(a) senhor(a) costuma fazer na Internet?	1.000	0.778

Q31 E agora, pensando especificamente no seu interesse pessoal, o que é que o(a) senhor(a) costuma fazer na Internet?	1.000	0.857
Q31 E agora, pensando especificamente no seu interesse pessoal, o que é que você/eles fazem normalmente na Internet?	1.000	0.778
Q31 E agora, pensando especificamente nos seus interesses pessoais, o que é que costuma fazer na Internet?	1.000	0.774
Q31 E agora, pensando especificamente no seu interesse pessoal, o que é que você / eles fazem normalmente no Internet?BLOGGING,BROWSING	1.000	0.780
Q31 E agora, pensando especificamente no seu interesse pessoal, o que é que o(a) senhor(a) costuma fazer na Internet?	1.000	0.709
Q31 E agora, pensando especificamente no seu interesse pessoal, o que é que você / eles fazem normalmente na Internet?	1.000	0.561
Q31 E agora, pensando especificamente no seu interesse pessoal, o que é que você/eles fazem normalmente na Internet?	1.000	0.730
Q31 E agora, pensando especificamente no seu interesse pessoal, o que é que o(a) senhor(a) costuma fazer na Internet?	1.000	0.839
Q31 E agora, pensando especificamente no seu interesse pessoal, o que é que você/eles fazem normalmente na Internet?	1.000	0.879
Q31 1ª/2ª prioridadeVÍDEO TV	1.000	0.934
TELEFONE/CÂMARA WEB	1.000	0.959
Q31 1ª/2ª prioridade DOWNLOADS DE MÚSICA	1.000	0.931
Q31 1ª/2ª prioridadeEMAIL	1.000	0.896

FICHEIROS DE TROCA	1.000	0.835
Q31 1ª/2ª PrioridadeCHAT	1.000	0.863
Q31 1ª/2ª PrioridadeRADIO	1.000	0.838
Q31 1ª/2ª PrioridadeJogos	1.000	0.861
Q31 1ª/2ª prioridadeBLOGGING	1.000	0.885
Q31 1ª/2ª prioridadeSHOPPING/EBAY	1.000	0.769
Q31 1ª/2ª prioridade BANCÁRIO	1.000	0.707
Q31 1.ª/2.ª prioridadeJOGO	1.000	0.844
NÃO SABE	1.000	0.883
Q49 Mais precisamente, que tipo de informação procura quando navega na Internet? BLOGS	1.000	0.452
Q49 Mais precisamente, que tipo de informação procura quando navega na Internet? CELEBRIDADES,EVENTOS	1.000	0.486
Q49 Mais precisamente, que tipo de informação procura quando navega na Internet? DIETA	1.000	0.558
Q49 Mais precisamente, que tipo de informação procura quando navega na Internet? ENTRETENIMENTO	1.000	0.563
Q49 Mais precisamente, que tipo de informação procura quando navega na Internet?FINANCIAL	1.000	0.538
Q49 Mais precisamente, que tipo de informação procura quando navega na Internet?SAÚDE	1.000	0.556

SOBRE HOBBIES	1.000	0.539
Q49 Mais precisamente, que tipo de informação procura quando navega na Internet?LEGAL	1.000	0.558
Q49 Mais precisamente, que tipo de informação procura quando navega na Internet?NEWS	1.000	0.520
Q49 Mais precisamente, que tipo de informação procura quando navega na Internet?RECEITAS	1.000	0.576
Q49 Mais precisamente, que tipo de informação procura quando navega na Internet?COMPRAS	1.000	0.523
Q49 Mais precisamente, que tipo de informação procura quando navega na Internet?DESPORTO	1.000	0.529
Q49 Mais precisamente, que tipo de informação procura quando navega na Internet?VIAGEM	1.000	0.405
Q49 Mais precisamente, que tipo de informação procura quando navega na Internet?	1.000	0.513
Q49 Mais precisamente, que tipo de informação procura quando navega na Internet?PÁGINAS AMARELAS	1.000	0.439
Q49 Mais precisamente, que tipo de informação procura quando navega na Internet?ANIMAÇÃO, JOGOS	1.000	0.472
Q49 Mais precisamente, que tipo de informação procura quando navega na Internet?COMIC	1.000	0.593
Q49 Mais precisamente, que tipo de informação procura quando navega na Internet?OUTROS	1.000	0.552
Q49 Mais precisamente, que tipo de informação procura quando navega na Internet?NÃO SABE	1.000	0.491
W1Q81/W2Q79 Sexo: (Solteiro)	1.000	0.976
utilizadores masculinos	1.000	0.767

utilizadores do sexo feminino	1.000	0.825
16-24 utilizadores	1.000	0.652
25-34 utilizadores	1.000	0.548
35-44 utilizadores	1.000	0.738
45-54 utilizadores	1.000	0.537
55-64 utilizadores	1.000	0.571
homens todos os inquiridos	1.000	0.991
mulheres todos os inquiridos	1.000	0.994
16-24 todos os inquiridos	1.000	0.950
25-34 todos os inquiridos	1.000	0.970
35-44 todos os inquiridos	1.000	0.981
45-54 todos os inquiridos	1.000	0.982
55-64 todos os inquiridos	1.000	0.970
65-74 todos os inquiridos	1.000	0.954
masculino	1.000	0.993

feminino	1.000	0.992
16-24	1.000	0.975
25-34	1.000	0.987
35-44	1.000	0.982
45-54	1.000	0.992
55-64	1.000	0.973
65-74	1.000	0.964
Cobertura por cabo?	1.000	0.688
Cobertura DSL?	1.000	0.670
até512	1.000	0.672
até2	1.000	0.685
mais_que2	1.000	0.717
menos de 5 horas	1.000	0.807
horas6_40	1.000	0.912
mais_que40	1.000	0.586

único	1.000	0.799

casal	1.000	0.854
adultos	1.000	0.775
nokids	1.000	0.667
crianças1 2	1.000	0.829
mais de3 crianças	1.000	0.732
upto182w	1.000	0.551
upto336w	1.000	0.644
upto961w	1.000	0.656
mais de962w	1.000	0.502
comprado	1.000	0.823
alugado	1.000	0.820
separada	1.000	0.869
em terraços	1.000	0.949
bloco	1.000	0.760
A	1.000	0.567

B	1.000	0.785
C	1.000	0.946
D	1.000	0.808
E	1.000	0.555
urbano	1.000	0.963
rural	1.000	0.964
Mais de 75 utilizadores	1.000	0.468
75+ todos os inquiridos	1.000	0.980
75+	1.000	0.980

Método de extração: Análise de componentes principais.

2. Tabelas e gráficos da análise de regressão logística binária

Inquérito 1

a) Utilização exclusiva de informações geodemográficas:

Resumo do processamento do caso

Casos não ponderados(a)		N	Percentagem
Casos selecionados	Incluído na análise	2,017	100.0
	Casos desaparecidos	0	0.0
	Total	2,017	100.0
Casos não selecionados		0	0.0
Total		2,017	100.0

a. Se o coeficiente de correção estiver em vigor, ver o quadro de classificação para o número total de casos.

Testes Omnibus dos coeficientes do modelo

		Chisquare	df	Sig.
Etapa	Etapa	103.209	19	0.000
1	Bloco	103.209	19	0.000
	Modelo	103.209	19	0.000
Etapa	Etapa	-0.092	1	0.762
2(a)	Bloco	103.117	18	0.000
	Modelo	103.117	18	0.000
Passo	Etapa	-0.124	1	0.725
3(a)	Bloco	102.994	17	0.000
	Modelo	102.994	17	0.000
Passo	Etapa	-0.136	1	0.712
4(a)	Bloco	102.857	16	0.000
	Modelo	102.857	16	0.000
Passo	Passo	-0.179	1	0.672
5(a)	Bloco	102.679	15	0.000
	Modelo	102.679	15	0.000

Passo 6(a)	Passo	-0.213	1	0.645
	Bloco	102.466	14	0.000
	Modelo	102.466	14	0.000
Etapa	Passo	-1.174	1	0.279
7(a)	Bloco	101.292	13	0.000
	Modelo	101.292	13	0.000
Etapa	Etapa	-1.238	1	0.266
8(a)	Bloco	100.054	12	0.000
	Modelo	100.054	12	0.000
Passo	Etapa	-1.522	1	0.217
9(a)	Bloco	98.531	11	0.000
	Modelo	98.531	11	0.000
Etapa	Etapa	-1.951	1	0.163
10(a)	Bloco	96.581	10	0.000
	Modelo	96.581	10	0.000

Passo	Etapa	-2.190	1	0.139
11(a)	Bloco	94.391	9	0.000
	Modelo	94.391	9	0.000
Etapa	Etapa	-2.381	1	0.123
12(a)	Bloco	92.010	8	0.000
	Modelo	92.010	8	0.000

a. Um valor de qui-quadrado negativo indica que o valor de qui-quadrado diminuiu em relação ao passo anterior.

Resumo do modelo

Etapa	-2 Probabilidade logarítmica	Cox & Snell R Quadrado	Quadrado R de Nagelkerke
1	2,315.143	0.050	0.071
2	2,315.235	0.050	0.071
3	2,315.359	0.050	0.071
4	2,315.495	0.050	0.071
5	2,315.674	0.050	0.071
6	2,315.886	0.050	0.071
7	2,317.060	0.049	0.070
8	2,318.298	0.048	0.069
9	2,319.821	0.048	0.068
10	2,321.771	0.047	0.067

11	2,323.962	0.046	0.065
12	2,326.343	0.045	0.064

a. A estimativa terminou na iteração número 4 porque as estimativas dos parâmetros mudaram em menos de 0,001.

Teste de Hosmer e Lemeshow

Passo	Chisquare	df	Sig.
1	7.508	8	0.483
2	4.063	8	0.851
3	4.973	8	0.760
4	6.251	8	0.619
5	6.680	8	0.571
6	12.394	8	0.134
7	9.040	8	0.339
8	8.263	8	0.408
9	15.616	8	0.048
10	14.015	8	0.081
11	17.491	8	0.025
12	12.353	8	0.136

Tabela de contingência para o teste de Hosmer e Lemeshow

	Banda larga = 0		Banda larga = Tem banda larga		Total
	Observado	Esperado	Observado	Esperado	
Passo 1	166	169.838	30	25.746	196
2	172	166.675	30	35.061	202
3	172	163.701	35	42.882	207
4	152	153.563	50	48.653	202

5	141	148.09 0	63	55.75 0	204
6	135	141.39 9	67	60.60 5	202
7	144	137.57 4	58	65.01 9	203
8	129	131.49 6	74	70.80 1	202
9	123	124.52 3	80	78.08 2	203
10	106	101.13 8	92	96.39 2	198
Passo 1	176	178.56 7	30	27.21 5	206
22	170	166.48 2	32	35.33 0	202
3	167	160.18 5	35	42.33 4	203
4	152	153.42 8	51	49.32 2	203
5	141	147.29 4	62	56.01 4	203
6	138	141.64 5	65	61.26 9	203
7	140	136.63 6	62	65.11 4	202

8	129	131.04 5	74	71.25 3	202
9	121	122.17 7	79	77.82 5	200
10	104	100.53 7	90	93.31 5	194
Passo 1	173	176.01 7	30	26.70 1	203
3 2	169	165.27 0	32	35.01 2	200
3	167	159.84 0	35	42.14 1	202
4	153	153.56 3	49	49.10 8	203
5	140	145.62 3	61	55.07 7	201
6	136	142.30 6	67	61.22 4	204
7	141	137.12 2	61	65.08 5	202
8	132	132.85 7	73	71.97 1	205
9	121	123.99 2	82	78.69 3	203
10	106	101.40 8	90	93.97 9	195

Passo	1	173	176.02 9	30	26.68 8	203
4	2	169	165.79 7	32	35.01 7	201
	3	167	159.51 3	34	41.94 2	201
	4	150	152.77 7	52	48.96 7	202
	5	144	146.58 8	58	55.49 5	202
	6	132	141.63 8	71	61.04 1	203
	7	146	138.60 3	59	66.05 8	205
	8	130	131.62 5	72	71.13 6	203
	9	123	123.86 4	80	78.74 2	203
	10	104	101.56 2	91	93.90 4	19 5
Pass o	1	176	180.85 4	32	27.61 1	20 8
5	2	172	167.16 0	31	35.64 6	20 3
	3	167	158.02 0	33	41.82 7	20 0

	4	150	152.23 5	51	48.97 5	20 1
	5	140	146.58 5	63	55.72 9	20 2
	6	136	139.88 6	64	60.41 3	20 0
	7	143	138.22 5	62	66.05 7	20 4
	8	129	131.89 7	75	71.47 6	20 3
	9	121	122.69 6	80	78.37 6	20 1
	10	104	100.43 9	89	92.88 1	19 3
Pass o	1	173	176.07 5	30	26.63 8	20 3
6	2	170	168.73 9	34	35.75 7	20 4
	3	172	159.95 1	31	42.34 7	20 2
	4	152	152.91 7	50	49.29 3	20 2
	5	135	146.00 5	67	55.46 3	20 1
	6	132	137.55 8	65	59.21 6	19 7

	7	144	133.26 3	53	63.43 0	19 7
	8	124	128.27 7	73	68.87 6	19 7
	9	121	125.30 0	83	78.46 6	20 4
	10	115	109.91 1	94	99.50 5	20 9
Pass o	1	173	175.61 2	29	26.56 6	20 2
7	2	170	166.56 1	32	35.24 7	20 2
	3	166	157.73 6	34	41.65 0	19 9
	4	150	152.83 3	52	48.91 9	20 2
	5	138	143.77 4	60	54.31 6	19 8
	6	135	142.06 0	68	61.00 3	20 3
	7	147	136.55 6	54	64.81 7	20 1
	8	124	131.44 1	78	71.07 5	20 3
	9	123	124.42 8	80	78.18 3	20 3

	10	112	7 106.99	92	5 97.21	4 20
Pass o	1	170	3 172.93	29	9 26.17	9 19
8	2	172	0 167.27	31	0 35.53	3 20
	3	170	5 160.50	32	2 41.87	2 20
	4	152	6 153.72	52	4 49.56	3 20
	5	133	6 146.01	69	9 56.06	2 20
	6	139	5 141.16	63	3 61.65	3 20
	7	140	5 136.37	61	0 64.31	1 20
	8	135	6 133.03	70	7 71.63	5 20
	9	123	6 123.68	79	9 77.84	2 20
	10	104	4 103.28	93	9 94.32	8 19
Pass o	1	175	7 175.35	27	8 26.74	2 20
9	2	167	0 166.71	35	8 35.78	2 20

	3	170	9 160.02	32	8 41.79	2 20
	4	155	4 152.04	47	0 49.49	2 20
	5	124	9 145.77	78	2 56.21	2 20
	6	147	1 141.82	56	4 61.70	4 20
	7	138	0 137.33	64	7 65.03	2 20
	8	135	8 132.72	69	6 70.87	4 20
	9	124	1 123.79	77	8 77.66	1 20
	10	103	8 102.40	93	9 93.66	6 19
Pass o	1	173	0 175.69	29	7 26.48	2 20
10	2	166	1 165.61	36	3 35.90	2 20
	3	172	6 160.32	31	5 41.95	2 20
	4	159	3 153.94	45	2 50.57	5 20
	5	127	6 145.44	75	1 56.40	2 20

	6	147	1 141.70	57	2 62.35	4 20
	7	136	2 136.89	65	3 65.02	2 20
	8	129	0 131.65	74	2 70.65	2 20
	9	127	6 125.66	77	3 78.32	4 20
	10	101	2 101.07	91	4 91.32	2 19
Pass o	1	173	2 175.64	30	5 27.07	3 20
11	2	169	3 166.19	33	0 35.70	2 20

3	166	4 159.45	36	9 42.59	202
4	153	9 150.28	49	3 51.86	202
5	124	4 143.55	76	5 56.82	200
6	156	2 140.42	46	7 61.55	202
7	133	0 137.48	68	9 64.04	202
8	130	4 132.78	72	0 69.44	202
9	126	3 125.57	76	1 76.35	202
10	107	6 106.60	93	3 93.53	200
Passo 1	178	4 174.13	24	3 27.81	202
12 2	164	2 165.02	38	9 36.56	202
3	163	3 159.97	39	6 41.70	202

4	152	149.84 5	50	51.82 6	202
5	140	145.17 7	63	57.11 9	202
6	138	141.37 4	64	60.99 5	202
7	146	137.69 7	56	64.29 1	202
8	112	129.30 6	84	66.85 4	196
9	136	126.55 2	66	75.91 1	202
10	110	108.91 7	94	95.90 6	205

Quadro de classificação(a)

Observado		Previsto		
		Banda larga		Percentagem de acerto
		0	Tem banda larga	
Passo	Banda larga 0	1,406	32	97.8
1	Tem banda larga	544	35	6.0
	Percentagem global			71.4
Passo	Banda larga 0	1,406	32	97.8
2	Tem banda larga	544	35	6.0
	Percentagem global			71.4
Passo	Banda larga 0	1,407	31	97.9

3	Tem banda larga	542	37	6.4
	Percentagem global			71.6
Passo	Banda larga 0	1,407	31	97.9
4	Tem banda larga	543	36	6.3
	Percentagem global			71.6
Passo	Banda larga 0	1,404	34	97.7
5	Tem banda larga	541	38	6.5
	Percentagem global			71.5
Etapa	Banda larga 0	1,403	35	97.5
6	Tem banda larga	541	38	6.5
	Percentagem global			71.4
Etapa	Banda larga 0	1,403	35	97.5
7	Tem banda larga	546	33	5.7
	Percentagem global			71.2
Etapa	Banda larga 0	1,403	35	97.5

8	Tem banda larga	545	34	5.9	
	Percentagem global				71.2
Passo	Banda larga 0	1,410	28		98.1
9	Tem banda larga	551	28	4.9	
	Percentagem global				71.3
Passo	Banda larga 0	1,418	20		98.6
10	Tem banda larga	559	20	3.4	
	Percentagem global				71.3
Etapa	Banda larga 0	1,410	28		98.1
11	Tem	557	22	3.8	
	banda larga				
	Percentagem global				71.0
Etapa 12	Banda larga 0	1,412	26		98.2
	Tem banda larga	561	18	3.1	
	Percentagem global				**70.9**

a. O valor de corte é .500

Variáveis na equação

		B	S.E.	Wald	df	Sig.	Exp(B)
Etapa 1(a)	FEMININO	-0.021	0.051	0.181	1	0.671	0.979
	AGE16_24	-0.074	0.049	2.234	1	0.135	0.929
	AGE25_34f	0.056	0.051	1.210	1	0.271	1.058
	AGE45_54f	0.018	0.050	0.137	1	0.711	1.019
	AGE55_64f	-0.056	0.052	1.160	1	0.281	0.946
	AGE65_74f	-0.124	0.059	4.370	1	0.037	0.883
	TRABALHADORES INTERNOSf	0.070	0.045	2.432	1	0.119	1.072
	AGE75_f	-0.017	0.058	0.088	1	0.767	0.983
	RURALf	0.023	0.050	0.216	1	0.642	1.024
	NOKIDS	-0.144	0.050	8.287	1	0.004	0.866
	SINGLEf	-0.341	0.055	38.717	1	0.000	0.711
	Bf	0.059	0.049	1.467	1	0.226	1.061
	EMPREGADO POR CONTA PRÓPRIA	0.180	0.047	14.913	1	0.000	1.197

	ADULTOSf	0.097	0.048	4.071	1	0.044	1.102
	bb_COVER	-0.140	0.051	7.513	1	0.006	0.869
	TRABALHADORES DOMÉSTICOS EMPREGADOSf						
		0.143	0.051	7.880	1	0.005	1.153
	Df	-0.117	0.055	4.592	1	0.032	0.889
	MORETHAN3KIDS	-0.017	0.050	0.122	1	0.726	0.983
	MUITOS TRABALHADORES POR CONTA DE OUTREM						
		0.065	0.047	1.976	1	0.160	1.068
	Constante	-0.966	0.052	347.695	1	0.000	0.381
Etapa 11(a)	AGE65_74f	-0.126	0.060	4.424	1	0.035	0.882
	TRABALHADORES INTERNOSf	0.070	0.045	2.445	1	0.118	1.073
	NOKIDS	-0.142	0.050	8.121	1	0.004	0.867
	SINGLEf	-0.341	0.055	38.905	1	0.000	0.711
	EMPREGADO POR CONTA PRÓPRIA	0.179	0.047	14.725	1	0.000	1.196

	ADULTOSf	0.099	0.048	4.245	1	0.039	1.105
	bb_COVER	-0.142	0.051	7.819	1	0.005	0.867
	TRABALHADORES DOMÉSTICOS EMPREGADOSf						
		0.145	0.051	8.142	1	0.004	1.156
	Df	-0.116	0.055	4.522	1	0.033	0.890
	Constante	-0.962	0.052	347.489	1	0.000	0.382
Etapa 12(a)	AGE65_74f	-0.125	0.060	4.412	1	0.036	0.882
	NOKIDS	-0.142	0.050	8.094	1	0.004	0.868
	SINGLEf	-0.340	0.055	38.813	1	0.000	0.712
	EMPREGADO POR CONTA PRÓPRIA	0.178	0.047	14.698	1	0.000	1.195
	ADULTOSf	0.099	0.048	4.224	1	0.040	1.104
	bb_COVER	-0.142	0.051	7.808	1	0.005	0.868
	TRABALHADORES DOMÉSTICOS EMPREGADOSf						
		0.144	0.051	8.135	1	0.004	1.155

	Df	-0.116	0.055	4.521	1	0.033	0.890
	Constante	-0.961	0.052	347.425	1	0.000	0.382

a. Variável(eis) introduzida(s) na etapa 1: FEMININO, IDADE16_24, IDADE25_34f, IDADE45_54f, IDADE55_64f, IDADE65_74f, TRABALHADORES EM CASAf, IDADE75_f, RURALf, SEM FILHOS, SOLTEIROf, Bf, AUTO-EMPREGADO, ADULTOSf, bb_COVER, TRABALHADORES EM CASA_EMPREGADOSf, Df, MAIS DE3 FILHOS, MUITOS TRABALHADORES_EMPREGADOS.

Modelo se o termo for removido

Variável		Modelo Log Likelihood	Alteração em -2 Log Likelihood	df	Sig. da mudança
Etapa	FEMININO	-1,157.662	0.181	1	0.671
1	AGE16_24	-1,158.681	2.219	1	0.136
	AGE25_34f	-1,158.182	1.222	1	0.269
	AGE45_54f	-1,157.640	0.137	1	0.712
	AGE55_64f	-1,158.162	1.181	1	0.277
	AGE65_74f	-1,160.052	4.961	1	0.026
	TRABALHADORES INTERNOSf	-1,158.759	2.375	1	0.123
	AGE75_f	-1,157.617	0.092	1	0.762
	RURALf	-1,157.679	0.215	1	0.643
	NOKIDS	-1,161.686	8.228	1	0.004
	SINGLEf	-1,178.330	41.517	1	0.000
	Bf	-1,158.300	1.457	1	0.227
	EMPREGADO POR CONTA PRÓPRIA	-1,164.764	14.384	1	0.000

12	ADULTOSf	-1,159.585	4.027	1	0.045
	bb_COVER TRABALHADORES DOMÉSTICOS EMPREGADOSf	-1,161.381	7.620	1	0.006
		-1,161.505	7.867	1	0.005
	Df	-1,159.979	4.815	1	0.028
	MORETHAN3KIDS MUITOS TRABALHADORES POR CONTA DE OUTREM	-1,157.633	0.123	1	0.726
		-1,158.567	1.991	1	0.158
Passo	AGE65_74f	-1,164.497	5.032	1	0.025
11	TRABALHADORES INTERNOSf	-1,163.171	2.381	1	0.123
	NOKIDS	-1,166.011	8.061	1	0.005
	SINGLEf	-1,182.780	41.599	1	0.000
	EMPREGADO POR CONTA PRÓPRIA	-1,169.099	14.236	1	0.000
	ADULTOSf	-1,164.080	4.199	1	0.040
	bb_COVER TRABALHADORES DOMÉSTICOS EMPREGADOSf	-1,165.939	7.916	1	0.005
		-1,166.021	8.080	1	0.004
	Df	-1,164.352	4.743	1	0.029
Passo	AGE65_74f	-1,165.681	5.019	1	0.025
12	NOKIDS	-1,167.188	8.034	1	0.005

	SINGLEf	-1,183.912	41.482	1	0.000
	EMPREGADO POR CONTA PRÓPRIA	-1,170.282	14.221	1	0.000
	ADULTOSf	-1,165.261	4.180	1	0.041
	bb_COVER TRABALHADORES DOMÉSTICOS EMPREGADOSf	-1,167.123	7.904	1	0.005
		-1,167.208	8.074	1	0.004
	Df	-1,165.542	4.742	1	0.029

b) Utilização das informações al

Resumo do processamento do caso

Casos não ponderados(a)	N	Percentagem
Casos selecionados incluídos na análise	2,017	100.0
Casos desaparecidos	0	0.0
Total	2,017	100.0
Casos não selecionados	0	0.0
Total	2,017	100.0

a. Se o coeficiente de correção estiver em vigor, ver o quadro de classificação para o número total de casos.

Testes Omnibus dos coeficientes do modelo

	Chi-		
	quadrado	df	Sig.

Passo Passo	105.085	1	0.000
1 Bloco	105.085	1	0.000
Modelo	105.085	1	0.000
Passo Passo	88.465	1	0.000
Bloco	193.550	2	0.000
Modelo	193.550	2	0.000
Passo Passo	81.561	1	0.000
3 Bloco	275.111	3	0.000
Modelo	275.111	3	0.000
Passo Passo	38.146	1	0.000
4 Bloco	313.258	4	0.000
Modelo	313.258	4	0.000
Passo Passo	8.479	1	0.004
18 Bloco	569.724	18	0.000
Modelo	569.724	18	0.000
Passo Passo	6.759	1	0.009

19 Bloco	576.482	19	0.000
Modelo	576.482	19	0.000
Passo Passo	7.437	1	0.006
20 Bloco	583.919	20	0.000
Modelo	583.919	20	0.000
Passo Passo	7.133	1	0.008
21 Bloco	591.052	21	0.000
Modelo	591.052	21	0.000
Passo Passo	6.767	1	0.009
22 Bloco	597.820	22	0.000
Modelo	597.820	22	0.000
Passo Passo	5.085	1	0.024
23 Bloco	602.905	23	0.000
Modelo	602.905	23	0.000
Passo Passo	4.685	1	0.030
24 Bloco	607.590	24	0.000

Modelo	607.590	24	0.000
Passo Passo	4.637	1	0.031
25 Bloco	612.227	25	0.000
Modelo	612.227	25	0.000
Passo Passo	4.336	1	0.037
26 Bloco	616.562	26	0.000
Modelo	616.562	26	0.000
Passo Passo	3.564	1	0.059
27 Bloco	620.126	27	0.000
Modelo	620.126	27	0.000

Resumo do modelo

Etapa	-2 Probabilidade logarítmica	Cox & Snell R Quadrado	Quadrado R de Nagelkerke
1	2,313.267	0.051	0.073
2	2,224.802	0.091	0.131
3	2,143.241	0.128	0.183
4	2,105.095	0.144	0.206
5	2,076.075	0.156	0.223
6	2,042.504	0.170	0.243
7	2,012.647	0.182	0.261

8	1,986.673	0.193	0.276
9	1,967.886	0.200	0.287
10	1,949.252	0.208	0.297
11	1,933.144	0.214	0.306
12	1,915.534	0.221	0.316
13	1,903.781	0.225	0.322
14	1,891.360	0.230	0.329
15	1,878.562	0.235	0.336
16	1,867.293	0.239	0.342
17	1,857.107	0.243	0.348
18	1,848.628	0.246	0.352
19	1,841.870	0.249	0.356
20	1,834.433	0.251	0.360
21	1,827.300	0.254	0.364
22	1,820.532	0.257	0.367
23	1,815.447	0.258	0.370
24	1,810.762	0.260	0.372
25	1,806.125	0.262	0.375
26	1,801.790	0.263	0.377
27	1,798.226	0.265	0.379

a. A estimativa terminou na iteração número 4 porque as estimativas dos parâmetros foram alteradas em menos de 0,001.
b. A estimativa terminou na iteração número 5 porque as estimativas dos parâmetros foram alteradas em menos de 0,001.

Tabela de contingência para o teste de Hosmer e Lemeshow

	Banda larga = 0	Banda larga = Tem banda larga	Total

	Observado	Esperado	Observado	Esperado	
Passo 1	152	169.404	50	32.259	202
2	176	163.686	25	37.814	202
3	182	161.303	19	40.412	202
4	173	159.384	29	42.785	202
5	162	156.125	40	46.052	202
6	123	147.498	79	54.020	202
7	107	132.179	94	69.583	202
8	118	123.353	84	78.457	202
9	127	117.447	75	84.434	202
10	117	107.616	84	93.174	201
Passo 1	156	175.157	46	26.806	202

22	181	169.308	21	32.490	202
3	185	166.479	17	35.621	202
4	181	163.168	20	38.075	201
5	162	158.624	39	43.014	202
6	117	146.174	86	56.190	202
7	132	135.684	71	67.044	203
8	126	127.500	76	73.914	201
9	117	117.480	85	84.406	202
10	81	78.423	119	121.430	200
Passo 1	202	197.978	0	4.325	202
252	202	195.484	1	7.889	203
3	198	189.966	4	12.034	202

4	182	179.541	19	22.194	202
5	149	162.987	53	38.345	201
6	135	145.084	67	56.941	202
7	117	125.799	85	75.537	201
8	97	108.016	105	93.763	202
9	87	84.638	115	117.619	202
10	69	48.505	130	150.345	199
Passo 1	202	198.030	0	4.272	202
262	201	194.214	1	7.626	202
3	199	190.111	3	11.811	202
4	179	180.554	23	21.865	202
5	155	163.459	47	38.643	202
6	129	145.553	73	56.241	202
7	115	126.184	87	75.772	202
8	100	107.156	102	94.481	202
9	90	84.108	112	117.984	202
10	67	48.628	131	150.297	199
Passo 1	202	198.159	0	4.144	202

[27] 2	201	194.385	1	7.457	202
3	201	190.732	2	11.643	202
4	178	179.946	24	22.016	202
5	156	163.839	46	38.725	203
6	129	145.890	74	56.444	202
7	121	126.575	81	75.605	202
8	92	107.011	110	95.014	202
9	90	83.587	112	118.505	202
10	67	47.874	130	149.438	197

Quadro de classificação(a)

		Previsto		
		Banda larga		
			Tem	Percentagem
	Observado	0	banda larga	Correto
Passo	Banda larga 0	1,424	14	99.0
1	Tem banda larga	569	10	1.7
	Percentagem global			71.1

Passo	Banda larga 0	1,367	71	95.1
2	Tem banda larga	477	102	17.6
	Percentagem global			72.9
Passo	Banda larga 0	1,292	146	89.9
3	Tem banda larga	441	138	23.8
	Percentagem global			70.9
Passo	Banda larga 0	1,289	149	89.7
4	Tem banda larga	417	162	28.0
	Percentagem global			72.0
Passo	Banda larga 0	1,283	155	89.2
5	Tem banda larga	404	175	30.3
	Percentagem global			72.3
Passo	Banda larga 0	1,263	175	87.8
26	Tem banda larga	312	267	46.2
	Percentagem global			75.9

Etapa	Banda larga 0	1,260	178	87.6
27	Tem banda larga	315	264	45.6
	Percentagem global			75.6

O valor de corte é de 0,500

Variáveis na equação

	B	S.E.	Wald	df	Sig.	Exp(B)
Emailers por etapas	0.511	0.051	100.917	1	0.000	1.666
1(a) Constante	-0.963	0.052	348.169	1	0.000	0.382
Emailers por etapas	0.529	0.052	102.893	1	0.000	1.698
2(b) download_music	0.447	0.048	87.252	1	0.000	1.564
Constante	-0.994	0.053	349.991	1	0.000	0.370
Emailers por etapas	0.553	0.053	107.740	1	0.000	1.738
3(c) download_music	0.463	0.048	91.312	1	0.000	1.589
compras online	0.448	0.049	82.224	1	0.000	1.565
Constante	-1.040	0.055	354.606	1	0.000	0.353
Passo pepares_readers_travel	0.337	0.050	44.739	1	0.000	1.400
27([aa]) correio eletrónico	0.785	0.065	147.895	1	0.000	2.193
descarregar_assistir_vídeos	0.348	0.052	44.683	1	0.000	1.416
download_music	0.564	0.052	117.419	1	0.000	1.757
chamadas_webcam_comunicantes	0.234	0.051	20.814	1	0.000	1.263
crianças1_2F	0.260	0.058	20.042	1	0.000	1.297
portátil_e_desktop	0.208	0.057	13.345	1	0.000	1.231
tagarelas	0.328	0.050	42.206	1	0.000	1.388
compras online	0.618	0.057	119.096	1	0.000	1.854
gastou6_40horas	0.163	0.050	10.384	1	0.001	1.177
trocadores	0.111	0.050	4.877	1	0.027	1.118
trabalhadores_domésticos independentes	0.180	0.054	11.228	1	0.001	1.198
informação_aleatória	0.260	0.051	25.681	1	0.000	1.297
jogadores em linha	0.160	0.052	9.517	1	0.002	1.173
ouvintes_radio	0.273	0.049	31.318	1	0.000	1.314
bancário	0.127	0.058	4.743	1	0.029	1.135
TV_over_bb_upto16	0.131	0.048	7.488	1	0.006	1.140
serviço_cabo	0.113	0.055	4.228	1	0.040	1.120
FAC34_1	0.392	0.067	33.838	1	0.000	1.480
piadas_de_comics	0.224	0.052	18.703	1	0.000	1.251
céu de satélite	0.207	0.054	14.562	1	0.000	1.231
classe_social_C	0.153	0.060	6.572	1	0.010	1.165

jogos_animação_blogs	0.120	0.049	6.058	1	0.014	1.127
idade45_54_2	0.106	0.053	3.981	1	0.046	1.112
televisão digital	0.163	0.056	8.629	1	0.003	1.178
classe_social_E	-0.156	0.062	6.299	1	0.012	0.856
FAC49_1	0.201	0.053	14.291	1	0.000	1.223
Constante	-1.368	0.073	350.645	1	0.000	0.255

Modelo se o termo for removido

Variável	Modelo Log Likelihood	Alteração em -2 Log Likelihood	df	Sig. da mudança
Emailers da etapa 1	-1,209.176	105.085	1	0.000
Emailers da etapa 2	-1,166.077	107.352	1	0.000
download_music	-1,156.634	88.465	1	0.000
Emailers da etapa 3	-1,128.054	112.866	1	0.000
download_music	-1,118.278	93.315	1	0.000
compras online	-1,112.401	81.561	1	0.000
Steppepares_readers_travel	-919.998	41.769	1	0.000
27emailers	-984.192	170.157	1	0.000
descarregar_assistir_vídeos	-922.995	47.765	1	0.000
download_music	-960.635	123.043	1	0.000
chamadas_webcam_comunicantes	-909.607	20.988	1	0.000
crianças1_2F	-909.197	20.168	1	0.000
portátil_e_desktop	-905.776	13.326	1	0.000
tagarelas	-919.779	41.331	1	0.000
compras online	-959.883	121.540	1	0.000

gastou6_40horas	-904.375	10.524	1	0.001
trocadores	-901.442	4.658	1	0.031
trabalhadores_domésticos independentes	-904.699	11.173	1	0.001
informação_aleatória	-911.597	24.968	1	0.000
jogadores em linha	-903.598	8.970	1	0.003
ouvintes_radio	-914.340	30.453	1	0.000
bancário	-901.410	4.594	1	0.032
TV_over_bb_upto16	-902.825	7.425	1	0.006
serviço_de_cabo	-901.228	4.231	1	0.040
FAC34_1	-917.389	36.553	1	0.000
piadas_de_comics	-909.364	20.502	1	0.000
céu de satélite	-906.423	14.621	1	0.000
classe_social_C	-902.481	6.736	1	0.009
jogos_animação_blogs	-902.025	5.824	1	0.016
idade45_54_2	-900.895	3.564	1	0.059
televisão digital	-903.379	8.531	1	0.003
classe_social_E	-902.419	6.613	1	0.010
FAC49_1	-906.373	14.521	1	0.000

Inquérito 2

a) Utilização exclusiva de informações geodemográficas:

Testes Omnibus dos coeficientes do modelo

		Chi-		

		quadrado	df	Sig.
Etapa	Etapa	30.520	1	0.000
1	Bloco	30.520	1	0.000
	Modelo	30.520	1	0.000
Etapa	Etapa	31.100	1	0.000
2	Bloco	61.620	2	0.000
	Modelo	61.620	2	0.000
Etapa	Etapa	34.539	1	0.000
3	Bloco	96.159	3	0.000
	Modelo	96.159	3	0.000
Etapa	Etapa	21.411	1	0.000
4	Bloco	117.570	4	0.000
	Modelo	117.570	4	0.000
Passo	Etapa	16.473	1	0.000
5	Bloco	134.043	5	0.000
	Modelo	134.043	5	0.000
Etapa	Passo	14.577	1	0.000
6	Bloco	148.620	6	0.000
	Modelo	148.620	6	0.000
Passo	Etapa	18.181	1	0.000
7	Bloco	166.800	7	0.000
	Modelo	166.800	7	0.000
Etapa	Passo	14.660	1	0.000
8	Bloco	181.460	8	0.000
	Modelo	181.460	8	0.000

Etapa	Passo	12.951	1	0.000
9	Bloco	194.411	9	0.000
	Modelo	194.411	9	0.000
Passo	Etapa	13.108	1	0.000
10	Bloco	207.519	10	0.000
	Modelo	207.519	10	0.000
Passo	Etapa	9.883	1	0.002
11	Bloco	217.402	11	0.000
	Modelo	217.402	11	0.000
Etapa	Etapa	8.526	1	0.004
12	Bloco	225.927	12	0.000
	Modelo	225.927	12	0.000
Etapa	Etapa	8.484	1	0.004
13	Bloco	234.411	13	0.000
	Modelo	234.411	13	0.000
Passo	Passo	6.161	1	0.013
14	Bloco	240.572	14	0.000
	Modelo	240.572	14	0.000
Etapa	Passo	5.662	1	0.017
15	Bloco	246.233	15	0.000
	Modelo	246.233	15	0.000
Etapa	Etapa	4.491	1	0.034
16	Bloco	250.725	16	0.000
	Modelo	250.725	16	0.000

Teste de Hosmer e Lemeshow			
Etapa	Qui-quadrado	df	Sig.
1	50.692	8	0.000
2	26.055	8	0.001
3	10.509	8	0.231
4	3.327	8	0.912
5	12.626	8	0.125
6	11.351	8	0.183
7	11.338	8	0.183
8	11.658	8	0.167
9	14.212	8	0.076
10	5.360	8	0.719
11	11.238	8	0.189
12	8.106	8	0.423
13	17.634	8	0.024
14	13.527	8	0.095
15	12.472	8	0.131
16	9.522	8	0.300

Resumo do modelo

Etapa	-2 Probabilidade logarítmica	Cox & Snell R Quadrado	Quadrado R de Nagelkerke
1	1,827.668	0.021	0.029
2	1,796.568	0.042	0.058
3	1,762.029	0.065	0.090
4	1,740.618	0.079	0.109
5	1,724.145	0.090	0.123

6	1,709.569	0.099	0.136
7	1,691.388	0.111	0.152
8	1,676.728	0.120	0.164
9	1,663.777	0.128	0.175
10	1,650.669	0.136	0.186
11	1,640.787	0.142	0.194
12	1,632.261	0.147	0.201
13	1,623.777	0.152	0.208
14	1,617.617	0.156	0.213
15	1,611.955	0.159	0.218
16	1,607.463	0.162	0.222

Tabela de contingência para o teste de Hosmer e Lemeshow

	Banda larga = 0		Banda larga = Tem banda larga		Total
	Observado	Esperado	Observado	Esperado	
Passo 1	83	99.750	59	42.222	142
1 2	88	98.167	54	43.888	142
3	84	96.510	57	44.851	141
4	108	94.380	32	45.423	140
5	90	94.001	51	46.442	140
6	93	93.326	48	47.878	141
7	106	92.476	36	49.571	142
8	109	91.831	35	52.129	144
9	98	83.554	44	58.692	142
10	54	68.537	94	79.691	148
Passo 1	109	109.862	34	32.446	142
22	96	104.266	47	39.332	144
3	89	100.328	54	41.943	142
4	97	97.924	46	44.258	142
5	103	95.525	38	46.153	142
6	110	93.357	32	48.252	142
7	103	89.539	38	51.311	141
8	82	84.106	60	57.125	141
9	73	76.501	69	65.257	142
10	51	61.125	94	84.710	146
Passo 1	138	133.692	5	8.797	142
162	118	121.103	24	20.743	142
3	114	112.387	28	29.374	142
4	98	105.111	45	37.398	143
5	102	96.821	40	45.054	142
6	89	89.167	53	52.452	142
7	81	80.907	61	61.498	142
8	72	71.772	71	70.596	142

9	52	59.826	90	82.221	142
10	50	41.747	94	102.653	144

Modelo se o termo for removido

Variável		Modelo Log Likelihood	Alteração em -2 Log Likelihood	df	Sig. da mudança
Passo 1	Bf	-929.094	30.520	1	0.000
Passo	Bf	-913.539	30.510	1	0.000
2	UPTO336961	-913.834	31.100	1	0.000
Passo	AGE6574	-898.284	34.539	1	0.000
3	Bf	-896.096	30.163	1	0.000
	UPTO336961	-896.725	31.421	1	0.000
Passo	FEMININO	-815.474	13.332	1	0.000
14	AGE5564	-813.759	9.902	1	0.002
	AGE3544	-813.071	8.525	1	0.004
	ALUGUELFLATBLOCK				
		-818.900	20.184	1	0.000
	AGE6574	-824.594	31.572	1	0.000
	CASALf	-816.764	15.912	1	0.000
	AGE75f	-820.204	22.791	1	0.000
	Bf	-822.864	28.111	1	0.000
	Cf	-813.071	8.526	1	0.004
	BBCOVERAGE	-816.245	14.873	1	0.000
	SINGLEf	-820.816	24.016	1	0.000
	UPTO182	-815.782	13.948	1	0.000
	UPTO336961	-824.084	30.551	1	0.000
	MAIS3CRIANÇAS	-811.889	6.161	1	0.013

Passo	FEMININO	-812.614	13.273	1	0.000
15	AGE5564	-811.033	10.111	1	0.001
	AGE3544	-810.170	8.385	1	0.004
	RENTFLATBLOCK				
		-816.347	20.739	1	0.000
	AGE6574	-821.751	31.547	1	0.000
	CASALf	-814.130	16.305	1	0.000
	AGE75f	-817.350	22.745	1	0.000
	Bf	-819.930	27.906	1	0.000
	Cf	-810.157	8.359	1	0.004
	BBCOVERAGE	-813.474	14.993	1	0.000
	SINGLEf	-818.129	24.304	1	0.000
	UPTO182	-812.707	13.460	1	0.000
	UPTO336961	-821.462	30.970	1	0.000
	MAIS3CRIANÇAS	-808.817	5.679	1	0.017
	Af	-808.808	5.662	1	0.017
Etapa	FEMININO	-810.448	13.433	1	0.000
16	AGE5564	-808.729	9.995	1	0.002
	AGE3544	-807.975	8.487	1	0.004
	ALUGUELFLATBLOCK				
		-814.219	20.974	1	0.000
	AGE1624	-805.977	4.491	1	0.034
	AGE6574	-819.288	31.113	1	0.000
	CASALf	-811.903	16.343	1	0.000
	AGE75f	-815.395	23.326	1	0.000

	Bf	-817.474	27.485	1	0.000
	Cf	-807.812	8.161	1	0.004
	BBCOVERAGE	-811.474	15.485	1	0.000
	SINGLEf	-816.137	24.810	1	0.000
	UPTO182	-810.648	13.833	1	0.000
	UPTO336961	-819.492	31.522	1	0.000
	MAIS3CRIANÇAS	-806.599	5.735	1	0.017
	Af	-806.589	5.715	1	0.017

b) Utilização das informações AL

Resumo do modelo

Passo	-2 Probabilidade logarítmica	Cox & Snell R Quadrado	Quadrado R de Nagelkerke
1	1,861.198	0.111	0.153
2	1,781.097	0.155	0.214
3	1,704.197	0.196	0.269
4	1,633.771	0.231	0.317
5	1,573.902	0.259	0.357
6	1,544.670	0.273	0.376
7	1,513.915	0.287	0.395
8	1,486.165	0.300	0.412
9	1,460.654	0.311	0.427
10	1,436.229	0.321	0.442
11	1,411.900	0.332	0.456
12	1,393.656	0.340	0.467
13	1,374.234	0.348	0.478
14	1,356.951	0.355	0.488
15	1,341.374	0.361	0.497
16	1,328.793	0.366	0.504
17	1,314.285	0.372	0.512
18	1,304.273	0.376	0.517
19	1,293.888	0.380	0.523
20	1,282.780	0.384	0.529
21	1,273.534	0.388	0.534
22	1,263.723	0.392	0.539
23	1,254.913	0.395	0.543
24	1,248.126	0.398	0.547
25	1,237.535	0.402	0.553
26	1,230.680	0.404	0.556
27	1,224.965	0.407	0.559
28	1,219.344	0.409	0.562
29	1,214.595	0.410	0.564

Testes Omnibus dos coeficientes do modelo

	Chisquare	df	Sig.
Passo Passo	186.320	1	0.000
1 Bloco	186.320	1	0.000
Modelo	186.320	1	0.000
Passo Passo	80.101	1	0.000

Bloco	266.421	2	0.000
Modelo	266.421	2	0.000
Passo Passo	5.621	1	0.018
28 Bloco	828.174	28	0.000
Modelo	828.174	28	0.000
Passo Passo	4.749	1	0.029
29 Bloco	832.923	29	0.000
Modelo	832.923	29	0.000

Teste de Hosmer e Lemeshow

Passo	Chisquare	df	Sig.
1	230.964	8	0.000
2	166.234	8	0.000
3	197.284	8	0.000
4	161.409	8	0.000
5	126.261	8	0.000
6[9]	153.265	**8**	**0-000**
7	106.396	8	0.000
8	89.187	8	0.000
9	86.463	8	0.000
10	80.614	8	0.000
11	71.864	8	0.000
12	66.318	8	0.000
13	56.647	8	0.000
14	60.852	8	0.000
15	63.518	8	0.000
16	67.534	8	0.000
17	64.973	8	0.000
18	76.447	8	0.000
19	81.281	8	0.000
20	70.725	8	0.000
21	63.302	8	0.000
22	82.772	8	0.000
23	76.048	8	0.000
24	75.221	8	0.000
25	64.627	8	0.000
26	69.502	8	0.000
27	57.378	8	0.000
28	51.716	8	0.000

Tabela de contingência para o teste de Hosmer e Lemeshow

	Banda larga = 0		Banda larga = Tem banda larga		Total
	Observado	Esperado	Observado	Esperado	

Passo 1	83	129.387	75	28.317	158
1 2	131	124.789	28	34.592	159
3	145	122.736	15	36.682	159
4	147	121.158	12	38.368	160
5	145	118.977	14	40.245	159
6	128	114.853	30	43.179	158
7	49	94.378	109	63.582	158
8	59	74.868	99	82.980	158
9	66	66.557	92	91.854	158
10	66	51.968	83	96.997	149
Passo 1	119	135.892	41	23.604	159
22	145	130.269	14	28.562	159
3	149	125.983	8	30.778	157
4	152	124.634	7	33.998	159
5	135	121.009	24	38.021	159
6	80	109.808	78	48.268	158
7	58	92.662	100	65.490	158
8	60	78.521	98	79.238	158

9	62	63.614	96	94.362	158
10	61	37.279	91	114.475	152
Passo 1	157	155.039	0	1.544	157
272	159	154.950	1	4.439	159
3	157	149.058	0	7.525	157
4	157	146.140	1	11.771	158
5	114	129.540	44	28.674	158
6	88	100.194	69	57.445	158
7	71	78.778	87	79.194	158
8	51	58.229	106	99.274	158
9	40	35.420	118	122.435	158
10	26	12.323	131	144.496	157
Passo 1	157	155.099	0	1.485	157
282	159	155.045	1	4.345	159
3	157	149.086	0	7.497	157
4	156	145.363	1	11.547	157
5	118	130.025	40	28.187	158
6	88	101.078	70	57.085	158

7	68	78.770	90	78.987	158
8	53	58.225	105	99.710	158
9	39	34.585	119	123.227	158
10	25	12.396	132	144.727	157
Passo 1	157	155.036	0	1.547	157
292	159	154.948	1	4.442	159
3	158	150.395	0	7.668	158
4	157	146.371	1	11.866	158
5	117	130.066	41	28.429	158
6	90	101.867	68	55.990	158
7	66	78.355	92	79.358	158
8	53	57.435	105	100.764	158
9	40	33.861	118	124.299	158
10	23	11.339	131	142.433	154

Modelo se o termo for removido

Variável	Modelo Log Likelihood	Alteração em -2 Log Likelihood	df	Sig. da mudança
Passo COM_VIA_MAIL 1	-1,023.759	186.320	1	0.000
Etapa COM_VIA_MAIL	-985.815	190.533	1	0.000
COMPRAS ONLINE	-930.599	80.101	1	0.000

Passo SURFERS_INFO_ON_HOBBIES	-890.549	76.900	1	0.000
3 COM_VIA_MAIL	-952.733	201.269	1	0.000
COMPRAS ONLINE	-892.948	81.699	1	0.000
Passo SURFERS_INFO_ON_HOBBIES	-669.010	123.425	1	0.000
29 SEX_FEMININO	-610.399	6.203	1	0.013
COM_VIA_MAIL	-750.479	286.364	1	0.000
DK_NS	-612.788	10.982	1	0.001
DOWN_WATCH_VIDEOS	-630.277	45.960	1	0.000
CASA_COMPRADA	-615.677	16.759	1	0.000
AGE35_44	-610.881	7.167	1	0.007
FAC11_1	-616.410	18.226	1	0.000
DOWN_MUSIC	-658.006	101.417	1	0.000
COM_WEBCAM_WEBCALLS	-633.485	52.375	1	0.000
AGE75	-613.968	13.340	1	0.000
COMPRAS ONLINE	-674.184	133.773	1	0.000
PORTÁTIL_E_DESKTOP	-651.305	88.016	1	0.000
BANCÁRIO	-623.035	31.475	1	0.000
CHATTERS	-627.064	39.533	1	0.000
GASTO6_40H_SEMANA	-612.102	9.609	1	0.002
JOGO	-612.559	10.522	1	0.001
PULVERIZADORES	-618.015	21.436	1	0.000

JOGADORES ONLINE	-617.041	19.487	1	0.000
MULT_DESKTOPS	-609.672	4.749	1	0.029
RECEITAS_INFO	-610.101	5.608	1	0.018
OUVINTES_RADIO	-624.512	34.430	1	0.000
BB_DISPONIBILIDADE	-615.596	16.598	1	0.000
SATÉLITE_SKY	-615.992	17.389	1	0.000
RENDIMENTO336_961P_SEMANA	-611.109	7.624	1	0.006
UTILIZADORES35_44	-613.325	12.056	1	0.001
SERVIÇO DE CABO	-618.808	23.021	1	0.000
MAIS_QUE3FILHOS_F	-612.107	9.620	1	0.002
ATÉ_512KBPS	-611.238	7.881	1	0.005

A Irlanda do Norte foi omitida dos mapas, uma vez que o seu historial por unidade de código postal não estava disponível para ser descarregado do sítio Web http://edina.ac.uk/ukborders/ .

MIX
Papier aus verantwortungsvollen Quellen
Paper from responsible sources
FSC® C105338

Printed by Books on Demand GmbH, Norderstedt / Germany